生死學叢書

傅偉勳 主編

生與死的關照

——現代醫療啓示錄

村上陽一郎 著／何月華 譯

東大圖書公司

國家圖書館出版品預行編目資料

生與死的關照：現代醫療啓示錄／村上陽一郎著，何月華譯.--初版.--臺北市：東大發行：三民總經銷，民86
面；　公分.--(生死學叢書)
ISBN 957-19-2107-6 (平裝)

1.醫學倫理　2.醫療服務
3.生存權　4.死亡權

198.41　86004980

國際網路位址 http://sanmin.com.tw

© 生與死的關照
——現代醫療啓示錄

著作人 村上陽一郎
譯者 何月華
發行人 劉仲文
著作財產權人 東大圖書股份有限公司
臺北市復興北路三八六號
發行所 東大圖書股份有限公司
地址／臺北市復興北路三八六號
電話／五〇〇六六〇〇
郵撥／〇一〇七一七五──〇號
印刷所 東大圖書股份有限公司
總經銷 三民書局股份有限公司
門市部 復北店／臺北市復興北路三八六號
重南店／臺北市重慶南路一段六十一號
初版 中華民國八十六年六月
編號 E 41010
基本定價 叁元貳角
行政院新聞局登記證局版臺業字第〇一九七號

ISBN 957-19-2107-6 (平裝)

生と死への眼差し

「生死學叢書」總序

兩年多前我根據剛患淋巴腺癌而險過生死大關的親身體驗，以及在敝校（美國費城州立天普大學宗教學系所講授死亡教育(death education)課程的十年教學經驗，出版了《死亡的尊嚴與生命的尊嚴——從臨終精神醫學到現代生死學》一書，經由老友楊國樞教授等名流學者的強力推介，與臺北各大報章雜誌的大事報導，無形中成為推動我國死亡學(thanatology)或生死學(life-and-death studies)探索暨死亡教育運動的催化「經典之作」（引報章語），榮獲《聯合報》「讀書人」該年度非文學類最佳書獎，而我自己也獲得「死亡學大師」（《中國時報》），「生死學大師」（《金石堂月報》）之類的奇妙頭銜，令我受寵若驚。

拙著所引起的讀者興趣與社會關注，似乎象徵著，我國已從高度的經濟發展與物質生活的片面提高，轉進開創（超世俗的）精神文化的準備階段，而國人似乎也開始悟覺到，涉及死亡問題或生死問題的高度精神性甚至宗教性探索的重大生命意義。這未嘗不是令人感到可喜可賀的社會文化嶄新趨勢。

配合此一趨勢，由具有基督教背景的馬偕醫院以及安寧照顧基金會所帶頭的安寧照顧運動，有了較有規模的進一步發展，而具有佛教背景的慈濟醫院與國泰醫院也隨後開始鼓動臨終關懷的重視關注。我自己也前後應邀，在馬偕醫院、雙蓮教會、慈濟醫院、國泰集團籌備的臨終關懷基金會第一屆募款大會、臺大醫學院、成功大學醫學院等處，環繞著醫療體制暨醫學教育改革課題，作了多次專題主講，特別強調於此世紀之交，轉化救治(cure)本位的傳統醫療觀為關懷照顧(care)本位的新時代醫療觀的迫切性。

在高等學府方面，國樞兄與余德慧教授（《張老師月刊》總編輯）也在臺大響應我對生死學探索與死亡教育的提倡，首度合開一門生死學課程。據報紙所載，選課學生極其踴躍，居然爆滿，出乎我們意料之外，與我五年前在成大文學院講堂專講死亡問題時，十分鐘內三分之一左右的聽眾中途離席的情景相比，令我感受良深。臺大生死學開課成功的盛況，也觸發了成功大學等校開設此一課程的機緣，相信在不久的將來，會與宗教（學）教育、通識教育等等，共同形成在人文社會科學課程與研究不可或缺的熱門學科。

我個人的生死學探索已跳過上述拙著較有個體死亡學(individual thanatology)偏重意味的初步階段，進入了「生死學三部曲」的思維高階段。根據我的新近著想，廣義的生死學應該包括以下三項。第一項是面對人類共同命運的死之挑戰，表現愛之關懷的（我在此刻所要強調的）「共命死亡學」（destiny-shared thanatology），探索內容極為廣泛，至少包括（涉及自殺、死刑、安樂死等等）死亡問題的法律學、倫理學探討，醫療倫理（學）、醫院體制暨醫學教育改革課題探討，（具有我國本土特色的）臨終精神醫學暨精神治療發展課題之研究，老齡化社會的福利政策及公益事業，死者遺囑的心理調節與精神安慰，「死亡美學」、「死亡文學」以及「死亡藝術」的領域開拓，（涉及腦死、植物人狀態的）「死亡」定義探討，有關死亡現象與觀念以及（有關墓葬等）死亡風俗的文化人類學、比較民俗學、比較神話學、比較宗教學、比較哲學、社會學等種種探索進路，不勝枚舉。

第二項是環繞著死後生命或死後世界奧祕探索的種種進路，至少包括神話學、宗教(學)、文學藝術、(超)心理學、科學宇宙觀、民間宗教（學）、文化人類學、比較文化學，以及哲學考察等等的進路。此類不同進路當可構成具有新世紀科際整合意味的探索理路。近二十年來愈行愈盛的歐美「新時代」(New Age)宗教運動、日本新（興）宗教運動，乃至臺灣當前的種種民間宗教活動盛況等等，都顯示著，隨著世俗界生活水準的提高改善，人類對於死後生命或死後世界（不論有否）的好奇與探索興趣有增無減，我們在下一世紀或許能夠獲致較有「突破性」的探索成果出來。

第三項是以「愛」的表現貫穿「生」與「死」的生死學探索，即從「死亡學」（狹義的生死學）轉到「生命學」，面對死的挑戰，重新肯定每一單獨實存的生命尊嚴與價值意義，而以「愛」的教育幫助每一單獨實存建立健全有益的生死觀與生死智慧。為此，現代人的生死學探索應該包括古今中外的典範人物有關生死學與生死智慧的言行研究，具有生死學深度的文學藝術作品研究，「生死美學」、「生死文學」、「生死哲學」等等的領域開拓，對於「後傳統」(post-traditional)的「宗教」本質與意義的深層探討等等。我認為，通過此類生死學的種種探索，我們應可建立適應我國本土的新世紀「心性體認本位」生死觀與生死智慧出來，有待我們大家共同探索，彼此分享。

依照上面所列三大項現代生死學的探索，這套叢書將以引介歐美日等先進國家有關死亡學或生死學的有益書籍為主，亦可收入本國學者較有份量的有關著作。本來已有兩三家出版商請我籌劃生死學叢書，但我再三考慮之後，主動向東大圖書公司董事長劉振強先生提出我的企劃。振強兄是多年來的出版界好友，深信我的叢書企劃有益於我國精神文化的創新發展，就立即很慷慨地點頭同意，對此我衷心表示敬意。

我已決定正式加入行將開辦的佛光大學人文社會科學學院教授陣容。籌備校長龔鵬程教授屢次促我企劃，可以算是世界第一所的生死學研究所(Institute of Life-and-Death Studies)之設立。希望生死學研究所及其有關的未來學術書刊出版，與我主編的此套生死學叢書兩相配合，推動我國此岸本土以及海峽彼岸開創新世紀生死學的探索理路出來。

一九九五年九月二十四日傅偉勳序於
中央研究院文哲所（研究講座訪問期間）

「生死學叢書」出版說明

本叢書由傅偉勳教授於民國八十四年九月為本公司策劃，旨在譯介歐美日等國有關生死學的重要著作，以為國內研究之參考。傅教授從百餘種相關著作中，精挑二十餘種，內容涵蓋生死學各個層面，期望能提供最完整的生死學研究之參考。傅教授一生熱心學術，對推動國內的生死學研究風氣，更是不遺餘力，貢獻良多。不幸他竟於民國八十五年十月十五日遽爾謝世，未能親見本叢書之全部完成。茲值本書出版之際，謹在此表達我們對他無限的景仰與懷念。

東大圖書公司編輯部　謹啟

序——醫療本質的轉換

面對疾病，現代的我們似乎顯得過度傲慢不羈，對於死亡，又何嘗不是如此呢？

感染性疾病的「征服」

的確，最近這一五〇年間，對於細菌所引發的感染性疾病，有非常戲劇性的突破。針對醫院中的產褥熱(puerperal infection)感染，聖梅懷斯（Semmelweis，一八一八～一八六五，匈牙利籍醫師）提倡以消毒方法因應，這距今也只不過一五〇年的光景。在此之前，面對醫院患者的高死亡率，人們也只能徒嘆奈何。總而言之，自十九世紀後葉以來，病原微生物學開始系統化，另外人類也發現了抗生素。自此開始，引發感染症的病原體便在人類的藥物控制之中，這對於經常是感染病犧牲品的兒童而言，的確是一大福音。

由於這項醫療技術的發展，幼兒死亡率急速下降，這應該就是今天日本平均壽命提升的主要幕後功臣之一，值得我們肯定。但是，就如一位英國醫師所說一般，儘管因結核等感染性疾病而死亡的人口自二十世紀以來逐年下降，但是在開始使用抗生素之後，這條平緩的下降曲線並沒有出現特別明顯的變化。因此有人對抗生素的問世快速延長了人類壽命的論調嗤之以鼻。這種推翻抗生素神話的觀點自然有其相當的可信度，並非無的放矢。這也顯示，唯有整體人類生存環境及其相關條件的改善，才是真正促使近代人類延年益壽的真正原因。

有趣的是，早在十九世紀病原微生物學的醞釀階段，便曾出現過相同的論爭。魯道夫・畢爾修等曾經試圖探索疾病及其在社會當中扮演的角色。他們在人類史上首度提出：疾病和人類生存環境間關係密切的觀點，同時也極力試圖將這項觀點推廣到當時的一般社會。在此同時，科賀（Kooh，一八四三～一九一〇，德國細菌學者）等人主張的病原微生物學觀點，也逐漸開始受到重視。這些學者主張，引發疾病的原因在於細菌侵入人體。儘管魯道夫・畢爾修一派學者對於是否全盤接受這項說理，採取相當保留的態度，但是卻也沒有加以抨擊，更何況，科賀等也人並未主張營養、生活條件的提升，或是社會環境整體的改善和疾病的控制之間無關。但是不容諱言地，這兩派主張之間在當時確實呈現某種緊張的態勢。

在此要強調的是，這種對峙的情勢在當今的社會似乎已經不復存在。就整體而言，儘管抗生素的大量使用對於死亡率平緩的下降曲線影響極小，但是仔細探究下仍可發現，只要某種強力抗生素問世，醫療成效的確會有所改善，連帶地也會帶動死亡率的下降。雖然抗生素基本上對於濾過性病毒引發的感染病束手無策，但是部分醫療從業人員或是曾經受益於抗生素的病患相信，病原微生物學透過疫苗的開發，部分感染性疾病已經獲得控制，或說至少已經逐漸在掌控之中，而且這個信念有逐漸擴展的趨勢。

小兒痳痹的抗爭過程中，人類的確打了個漂亮的勝戰，而恐水症也已經在日本銷聲匿跡。病原微生物學和抗生素的問世，在過去挽救了許多寶貴的性命，在今天仍然扮演人類救星的角色。即使是未來，也仍會陪同人類共同向疾病挑戰吧！對此當然值得賦予極高的評價與謝意，但是這和探究其所帶來的負面意義，兩者之間我認為並沒有衝突之處。

愛滋病和MRSA

就表面現象而言，打破抗生素神話的引爆點應可說是愛滋病和MRSA。當然愛滋病也是一種感染性疾病，也就是有一種被視為是病原體的微生物（濾過性病毒）在體內作祟而導致發病。但令人費解的是，目前的抗生素或疫苗療法等，所謂的「特效藥」都仍對其一籌莫展。這種病原體的最大特徵是藏匿在個人的免疫系統之中，能夠不斷地複製與自己相同的物質，同時會破壞原有的系統。濾過性病毒會利用寄主的身體機能，達到其繁衍存活的目的。

這雖是一般濾過性病毒的通則，但是愛滋病這方面的特徵尤其突出。因此一般認為，如果要研製所謂「特效藥」，那只有針對每個人的體質個別研究才能達成。雖然這也未必表示普遍性療法無法成立，只是最終解決之道仍在於「個別性」醫療方法的開發。

由於愛滋病病原體屬於濾過性病毒，因此治療上原本就不能對抗生素寄與厚望，這對於長久以來的抗生素神話，乃至於對抗生素的過度依賴，產生了相當的震撼效果。

抗生素當然各有其可以控制的特定細菌種類。世上並沒有可以破壞所有細菌生存的所謂「萬靈物質」，因此，若將細菌依據某種準則加以分類，再整理成表，便可清楚看出，各種抗生素分別有其克制的特定對象。就細菌的角度而言，可能對於某種物質（的克制）有所反應，但是對於其他物質卻未必盡然。這類有反應的特定細菌群，就稱為該物質的抗菌系譜(spectre，法文)。抗生素的發展史中，一向為人所津津樂道的就是佛來明(A. Fleming)所發現的盤尼西林。據說盤尼西林是在培養葡萄球菌過程中偶然發現，因此，盤尼西林的抗菌系譜中必然包含葡萄球菌。鏈黴素(strephomycin)是著名的抗結核病藥劑，當然它的抗菌族譜中必定包含結核菌在內，而鼠疫菌對此也有反應。戰後被視為是「萬靈丹」的氯黴素(chloromycetin)，不僅對細菌，包括力克次體(rickettsia)以及某種大型的濾過性病毒都能使其產生反應（目前因懷疑其對人類的造血功能有副作用，因此幾乎已經全面停止使用）。金黴素(aureomycin)（和四環素tetracyclin相同）也會對陰性、陽性的細菌類有所作用，換句話說，這些抗生素都擁有較大的抗菌族譜。

那麼抗菌族譜越大的抗生素是否就表示是「良藥」呢？答案則未必盡然，其中涉及的層面非常複雜。以追求「萬靈丹」的觀點來說，的確以抗菌系譜越廣為佳。而製藥業者向醫師推銷抗生素時，往往也都以「百應百靈」作為宣傳口號。醫師如果能夠使用這類百靈丹的話，的確可省卻一一自發炎部位採取分泌物作細菌培養的麻煩，這或許也可說是一種無奈的因應辦法吧？就彷彿發射散彈一般，期待總有一顆子彈會擊中目標。而醫師也往往在這種心態下，儘量採用抗菌系譜較廣，乃至藥商極力促銷的藥品。總之先試用看看，說不定會歪打正著。而當患者屢服無效之後，才開始懷疑是否抗菌對象不對的問題，這在醫學界是常有的現象。說得極端些，只對一種病原體有效，即抗菌系譜小的抗生素難免會被束之高閣。

因此，使用範圍較大的藥品較受一般歡迎，這是人類自然的趨勢。而先前所提到，如果有所謂愛滋病的「特效藥」，其結果必定是屬於「個別性」的藥品。而這項觀點正是對上述一般趨勢的一大衝擊。

相同的，ＭＲＳＡ「抗二甲基苯青黴素(Methicillin)黃色葡萄球菌」也面臨同樣的問題。ＭＲＳＡ是在一般性抗生素的氾濫之下，形成的一種特殊性細菌。細菌的抗藥性問題早在抗生素問世之初便已發生。在廣泛使用鏈黴素後不久便出現具有抗藥性的結核菌，為了謀求新的解決之道，因而又開始熱中研發各種可資取代的藥物，對此想必各位仍然記憶猶新吧？從此細菌的抗藥性和新藥開發之間便展開了一場無止無休的拉鋸戰。多功能抗生素的濫用使得具有抗藥性的細菌孳生，而為控制這類抗藥性細菌不得不進一步開發新藥物，其間的艱難可想而知。所謂的MRSA原本只是非常普通的葡萄球菌，而葡萄球菌對抗生素而言原本應該輕而易舉便能控制（和綠膿菌等不同），但是它現在卻幾乎對於所有目前使用中的抗生素都產生抗藥性。

可想而知，過度使用抗生素的醫院便是這類病菌孳生的溫床。在院內經由手術等感染，一些體力乃至免疫系統較弱的病患便成了最後的犧牲者。因此MRSA可說是引發醫院內感染的主兇之一。換句話說，這類細菌的感染，其主因就在於這種所謂多元性抗生素，這真是相當諷刺。那麼就迅速開發新藥物以資抗衡吧！的確，醫學界已經開始有所行動。目前已有數種抗生素可使現存的MRSA（當然其中的種類也相當多）產生反應，也就是說部分有效藥物已經問世。但是這是否意味著藥物和病菌的拉鋸戰已經寫下休止符了呢？誰都無法保證。事實上結果可能不是休止符，而是肉搏戰的開端，也就是說，可能會因此促使其突變，產生更棘手的新細菌。

當然也不能完全把細菌的抗藥問題完全歸咎於抗生素，但是在此不得不特別呼籲的是，以往醫療界都是以消毒法作為對抗產褥感染的最佳利器，同時也獲得相當可觀的成效，但是如今這項做法卻逐漸為人所忽視。即使化膿了，只要服些抗生素即可，或是目前已經在服用抗生素，所以護理工作馬虎些應該也沒有大礙吧！就在這種姑且的心態下，疏忽了有效的消毒工作。

由此看來，不論是愛滋病或是ＭＲＳＡ，其最終禍首可說就是現代醫療科學，特別是感染性疾病療法。目前這些問題雖然似乎仍僅止於表象，但是可以肯定的是，其中必然仍存在很多本質性的問題，值得進一步探討。

高齡化社會的意含

「征服感染性疾病」，這真是一句相當漂亮的口號。的確，兒童不再因為肺炎感染而死亡，腸炎感染也不再是威脅。防疫體系的充實、預防注射和大量篩檢，確實可以某種程度地達到抑制感染性疾病的擴大。嬰幼兒死亡率降低對於先進國家平均壽命的提升，的確有很大的助益。

而其最終結果又如何呢？這就彷彿是賣傘的和晒鹽的一般，得了翁心失婆意。先進國家都有快速發展成高齡化社會的趨勢，尤其是日本高齡化社會的發展速度更是其他國家所難以比擬，可以預見其間醫療品質必將產生極大的變化。

一般而言，高齡者生活機能較以往衰退，因此和幼兒一樣，必須特別留意感染性疾病的傳染，這固然毋庸置疑，但是除此之外，另一項困擾高齡者的因素則是「成人病」。成人病並非感染性疾病，因此「征服感染性疾病」時所有效採用的「神效療法」，對此也只能徒嘆奈何。換句話說，以抗生素對抗感染病源的戰術，已經沒有用武之地。如果是感染性疾病，一般而言其發病過程都已經相當明朗，因此治療期間大致也在掌控之中。一些如結核病等在過去屬於非常頑強難治的疾病，目前被視為只是一種過渡性疾病。但是成人病中（癌症另當別論），不論是高血壓等的循環系統疾病，或是糖尿病等，雖然已經掌握控制的方法，不至影響性命安危，但是終究仍無法根本治療，患者注定一生要與這些疾病為伴。換句話說，這類疾病和所謂的根治「cure」（完全治癒）依舊無緣。

以治療費用的觀點來看，成人病將從「治療」的時點開始，直到死而後已（當然，患者的死亡未必和該項成人病有絕對的因果關係）。這和所謂過渡性疾病在花費上可說是相差懸殊。而所謂的「治療」也不是服藥便了事，當然更不能有只要讓患者住院，一切責任由醫療機構承擔的心態。在治療過程中，不如說患者日常生活才是關心的重點，而醫療人員的使命只不過是，不斷提供意見，從旁予以協助而已。由此可以發現，在這種醫療行為當中，重要的將不再是「cure」（根治），而是「care」（真心關懷）。醫療活動由「cure」到「care」，這種本質的轉換可說是高齡化社會發展的必然趨勢。

由「cure」到「care」，聽來像似宣傳口號。或許筆者無須在此特別強調，以往所謂現代化醫學的努力重點在於「cure」，而今後的目標則將轉換成「care」，如果一般的認知僅只於此的話，那麼這充其量只是一種醫療評定基準的改變，對醫療本質本身無法產生影響。事實上醫療行為本身應該是「cure」和「care」相輔相成，不論任何時代，任何社會，如果對其中一項有所偏廢，都無法成其為醫療。就現代醫學而言，也未必是漠視「care」的重要，當然更不表示近代的醫療從業人員忘記其存在（儘管現實上未必能落實），此處所要強調的是，唯有在重視「care」的前提下，社會的結構性變化才會促使醫療行為從本質上根本改革。

患者的自主權

醫師的父權主義(paternalism)最近逐漸被引為話題，同時患者的自主權問題也開始受到重視，這一切並不完全是導因於患者的權利意識高漲。

當然這一連串的變化不僅反映出對於醫療過剩的省思，以及對患者生活品質(quality of

life, QOL)的尊重，顯示人們已經開始意識到現代醫療的種種問題，同時由此也可見患者權益尊重的觀念已經逐漸抬頭。在此我不敢存絲毫輕忽的心理，甚且由此促使我有更多的省思。患者不再只是一個單純需要保護的弱者，目前社會已經逐漸意識到，患者在醫師面前（不論是坐著、或是站著），可以以對等於醫師的地位，尋求其建言或協助。同時ＩＣ（informed consent：患者在充分獲得說明後表達自我的意志）的治療觀念也已經由美國引進日本，在經過一番熱烈的探討之後，這項觀念已逐漸在日本社會普及，成為提供醫療服務水準的新指標。可以預見醫師—患者間的新關係將會由此展開，同時我更由衷的希望，不論是醫療單位或是醫療受益者，雙方都能審慎思考，為兩者的關係重新定位。在衷心期待的同時，我也自信在這項觀念的推動上自己也不斷在默默地奉獻心力。

美國總統委員會於一九八二年所起草的一份有關ＩＣ的報告書中便記載了一篇非常扣人心弦的報導。即使是價值觀不盡相同的我們，讀了這篇文章也不免為之動容。在此報告書中提到，以往通常只有少數對自主權有相當認識、有理性的人士才能享受ＩＣ的利益，彷彿形成一種特權，而過去探討的重點也都僅只於此，報告書中在痛陳上述現況之餘，該委員會也特別發布宣言，對此偏差現象予以糾正，同時提到：「(ＩＣ）是實際參與醫療的相關人士，和所有的患者之間，建立關係的根本依據，決不是少數人的專利」。「(ＩＣ）必須是在相互尊重、相互參與的前提下，取得共識並作下決定，絕對不是形式上的虛文（例如只是以書面宣布之後要求對方簽字）」。

當然就理念、文化，乃至個人的行為模式、人際關係（其中當然也包含醫師和患者之間的關係）等，日本和美國間都有極大的差距，因此，上述的宣言雖然促使美國各界對ＩＣ有熱烈的回應，但這是否就適用於日本呢？這是目前日本各界討論的重點。這點姑且不論，該篇宣言所透露對於個人的強烈尊重，的確對我們造成極大的震撼。

有那些治療方法、有多少選擇、其各有何利弊、各種選擇將會出現何種結果等，越是和醫療問題息息相關的抉擇，對該患者一生（所謂的一生未必是指時間上的未來，有時往往也涉及患者的過去，可說是不折不扣的一生）的影響也就越深，因此不論作何決定，對患者而言都是一生的大賭注。正因為如此，所以除了依賴專家的建議和協助之外，務必要由患者本身參與決定，這便是ＩＣ的核心理念。至於對個人的尊重，固然在實際運用上必須臨機應變，但是根本的核心理念卻絕不可有所偏廢。上述文章中所透露出的對個人尊重的強烈意向，確實給予我們極大的啟示。

基於上述的理念，即使醫師認為患者所下的決定不合情理，例如，患者的這項決定會導致該醫師手下病患的平均壽命降低，但只要是患者在自身充分考量之下所作的抉擇，接受該項抉擇便是醫師應有的義務。相對地，為能引導患者做出適當的決定，必須盡其一切努力也是醫師責無旁貸的義務。

應該如何「活」，這唯有患者本身才能決定，決不容他人輕易置喙。自認為可以左右患者的生命，或是認為不肯由醫師全權決定的患者是錯誤的表現，這種觀念是近十五年來，現代醫療在自詡「成功」之餘，所培養出的傲慢態度。這種行為都是由於醫師過度相信可以支配患者生命，在這種樂觀主義下所產生的錯誤觀念。抗生素或疫苗療法在相對性上，確實可以協助病患擺脫死神的召喚，延續生命，但就是基於這種「過度自信」才促使這種偏執觀念的形成。

當然患者在面對自我「生存方式」的抉擇時，將最終的決定權委由旁人（其中當然應該也包括醫師），以取代自我決定，這種作法固然第三者也沒有責難的餘地，但是即使是代行決定，當然也應該充分考量患者本身的想法和意願。「由醫師全權決定」，患者的這項決定也絕對不表示是基於對醫師的盲從，更不是因為醫師在醫療過程中的權威性，而是患者在接受ＩＣ之後所作的決斷。唯有如此，醫師和患者之間才能以人與人的對等地位，建立嶄新而充實的關係。

這種患者的自主權問題是人類在自我意識之下，對生存方式所作的決斷，因此也可說是最莊嚴神聖的抉擇。

器官移植

那麼又何嘗不能以相同的觀點來探討器官移植的問題呢？器官移植本身決不止如字面般單純，事實上器官移植在現代社會中也呈現非常多元化的風貌。假設輸血也是器官移植的一環（事實上有相當多的理論支持這項觀點），則它不僅是技術普及，而且可謂是歷史悠久；此外眼角膜移植手術自從確立制度以來，也已歷經相當長的歲月；至於腎臟移植，目前則正在創造歷史之中。

只是目前正在進行，或是即將進行的各種有關心臟、肝臟的移植手術，是否如上述般，真正取得當事人的諒解，並且確實是出自其抉擇呢？由於醫師認為自己眼前的患者如果不及時採取任何措施的話，勢必會面臨死亡，或是，與其等候死亡，能延長患者性命的機率多少較高，基於這種判斷，因而嘗試採行移植手術。就本質而言，這種判斷應該值得肯定，似乎無須加以責難。

但是其他相關因素又是否列入考量了呢？例如手術成功的機率，手術後即使性命獲得某種程度的延續，但是其間的生活品質又如何，以及最現實的醫療費用問題等等。此外，器官捐贈者的狀況以及其家人的反應等，是否徹底地向患者或其家屬說明，並取得諒解，是否給予充分的時間考慮，時機是否成熟等等是否都考慮周詳。同樣的，對於器官捐贈者也應該有相同的考量。正因為在在顯示有很多案例都非如此，因此令我不得不有此一問。

如同大家所了解，就另一層面而言，器官移植和腦死問題之間的關係非常密切。相關的個人見解在本書中另有詳細的敘述，因此不須在此重複。但是要在此重申的是，舉凡和人類「死亡」有關的問題，都應該獨立於科學之外，另謀最佳的解決途徑，這也是我始終信守不疑的信念。換句話說，「所謂腦死是科學界對於死亡的最新定義」，對於某些積極倡導腦死主義者的言論，我個人實在無法苟同。人類個體的死亡，既不是物質性的毀壞、崩潰，更不是消失。即使是呱呱落地便身亡的新生兒也絕不可草率輕忽，更何況是經歷漫長的人生，開創了自我人格史業的個體，豈可只因為身體某一部份（腦的一部份）產生不可逆的變化，便以此輕易地作下最終判決？假設人的四肢發生部份不可逆的變化，而必須以人工方式維繫原有四肢的功能，但是儘管如此，我們也決不會因此認為，此人已不再具有「人類」應有的功能，因而可以隨意地從他殘餘的「屍體」中擷取需要的物質。果真如此，那麼即使人腦的一部份發生不可逆的變化，只能以人工方式維繫其功能，已經不能再孕育胎兒、生產、製造生物基本物質等，因此便認定此人已經不具有「人類」的基本功能，只是一具「死屍」，因此可以任意加以處置。這種論調實在令人難以苟同。當然，不可否認的是，其中關係到非常棘手的「意識」問題，但是以另一種角度而言，如果能將本體之外的意識問題，作為探討的核心時，這便脫離了「科學」領域的範疇。

醫療涉及的範圍本來就遠大於科學。雖然我們將科學納為醫療的一部份，藉此推動醫療發展，但是儘管如此，醫療既然是以人類為對象，自然不會，也不應該將人類視為一種物質。

如果上述觀點成立的話，那麼我們便不得不承認，由所謂的腦死人體中隨意摘取器官的行為，是和醫療本質相衝突的，或說是蘊含動搖醫療本質的因素。正因為如此，認定腦死的合法化，或其相關醫療行為，甚且予以獎勵，這一切我認為都仍有待商榷。尤其在日本社會，一但有法律為後盾，往往會被視為絕對性的標準，個人的判斷或意志很不受尊重的可能性很高，基於此，更應該對腦死問題採取更審慎的態度。

對於這種審慎論調，勢必會招致強烈的反駁吧！那就是先前所提到的，面對眼前在作垂死掙扎的患者，難道還有時間高談審慎的論調嗎？的確很多人批評，唯有那些不懂得醫療前線的評論家，才會提出審慎因應的高調。如果事實真是如此單純的話，那麼即使以此完全抹煞審慎看待器官移植的觀點，我也絕無異議。但是事實真相絕非如此。假設我是正面臨患者生死抉擇的醫師，將處於何種立場？或如果我是在生死邊緣掙扎的患者，感受又如何呢？相信我應該可以體會個中的滋味，但也就正因為是在這種複雜的關鍵時刻，才更應該尊重個人的人權。就如剛才所介紹的，透過醫師和患者間的新關係，充分溝通，也就是在ＩＣ的理念下，醫師必須作好充分的說明，而患者及其家屬也是在深思熟慮之後，才作下最終的抉擇。同時這一切也必須確實能夠獲得確認後，才可視為是必要的醫療行為，在法律上獲得免責權。今後的社會最少應該建立如此的共識。

醫療結構本質的變革

然而所謂由「cure」到「care」，如果根據日本中川米造教授的說法便是，醫師由權威性或魔術師的角色，轉換成援助者的角色，這雖然似乎已經觸及尊重人類的本質，但是這種轉變的形成並不完全是基於醫師和患者間新關係的建立，這也是本書所要強調的重要論點之一。

高齡化社會也可說是促使醫療本質產生變化的一種必然因素。前節中也已經略微談到，對於所謂的成人病，患者必須對自己的生命負責，必須靠自我努力。疾病給人的刻板印象往往是，孱弱的患者躺在病床上，無助地等待救援。事實上就成人病而言，患者本身即使不願承認有所謂的自主權，但仍然不得不接受它。而所謂治療的主導權，不管願意與否，最終都將落在患者自己的身上。

說得更誇張些，在高齡化社會中，醫療將變成一種「服務業」。本人絕非貶抑服務業，當然也不是在批判這種醫療型態的是與非。在過去沒有抗生素或疫苗治療法等所謂「萬靈丹」的時代，醫療本身正是一種服務業。以西歐社會的觀念而言，醫療行為是指一些得天獨厚、具有優異才華、並對他人有充分愛心的人士，本著神的旨意，將愛的服務普及受難的人們，以達成神的使命。而這群人正是醫師、神職工作者，乃至法律相關從業人員。

當時的醫師並不認為是自己的醫術決定患者的生或死。他們認為透過自然（神）所賜予的力量，患者才能得以痊癒，而醫師只是扮演協助者的角色，從旁喚起病患內在的自我復原能力。而在東方，固然沒有創造萬物的「神」，但是醫師對自己的任務以及自覺和當時的西方人其實並無兩樣。

這一五〇年之間，在成功的現代醫療背後，上述的醫師或醫療的特質的確有消逝的現象。而今，不論是就種種呈現的結果或理念，乃至社會的結構，都可以明確地看出，這些醫療原本應有的特質正逐漸在復甦之中。

以另一個角度而言，醫療界已逐漸回復他謙遜的姿態，或許也可說是某些既有的徵候促使醫療界不得不恢復這種態度。

生與死的關照

——現代醫療啟示錄

目次

III　醫院的內部／外部

Ⅳ　問生、悟死

I

醫療和科學——關係與衝突

醫學倫理和科學倫理

著眼點的設定

自古以來，醫師就是為人所敬重的職業。不論東方或西方，也不拘任何社會形態，這可說是人類社會一種普遍的傾向，當然現代也不例外。

要成為一位醫師，必須在社會所安排的專門教育制度之下，接受相當的專業訓練。換句話說，所謂醫師這一行的基本前提便是，必須具有專業學識和技術，同時醫師所面對的無他，就是人類本身。這是一般社會對於醫師這項職業一種固有的認識。

正如一般人所經常談論到的，醫師對待人類的方法十分特別。在醫師面前，病患可謂毫無隱私，而醫師也似乎可以隨心所欲地處置患者的身體，某些情況之下，連看似傷害患者身體的行為，也在容許的範圍之內。能夠容許他人如此隨意地侵犯自己身體的情況，在人類的一般行為當中很難想像，勉強地說，或許只有性行為能夠與之匹敵吧？

就這點而言，醫師所處的社會地位，或許可說和其他的行業有所不同。以下的討論倒不是特別以西歐為探討對象，只是就西歐的歷史而言，這種特質依然不變。

當然具有這類特質的行業中，除醫師之外，還包括神職工作者以及律師。這些行業的共通點便是，以人類為對象，必須和人類共享他們的痛苦，同時協助他們從苦難中解脫。希臘語中pathēma代表「生病」，而其語源原本就是「承受苦難」的意思。而英文的passion由於是源自這個希臘語的拉丁版，因此我們不難明白為何語意中含有基督「受難」的意味，而同樣地，passive中就具有「被動」的意思。由此看來，希臘語中，醫師並不只表示是治療人類疾病的技術人員，而有和病患「同患難」的意思。換言之，醫師的職責理應囊括英文中sympathy（同情、憐憫）所涵蓋的範疇。

除醫師之外，神職工作者、律師以及法律相關從業人員應可說負有同樣的使命。另一點值得強調的是，這三項行業都和他人的生死有著密切的關係。醫師、律師和法律從業人員執掌的是人類現世的生命，操有生殺大權。而神職工作者則是對人類的來世具有同樣的權限。

此外，這三類行業中另有一項共通的特質，那就是三者都是智慧型服務業。基於專業智慧給予他人協助，便是這類工作者的職業特徵。人類往往需要借助這類專業人員的智慧以獲得解脫，因此一般社會才會將這類專業人員的培育視為一種社會責任，訂定專門教育制度，以不斷培養新血，同時這些專業人員的培育制度也隨著時代的變遷日益完備。

然而仔細思考便不難發現，現代社會的各種行業當中，另有一項新的智慧型服務業，正被一般社會所期許，也就是和上述三項行業一樣，寄望能藉由其專業素養增進人類福祉。而就目前社會現況而言，醫師除了是上述的特殊業種之外，其所扮演的科學家角色的比重正日益提升。本章所要探討的重點便是，醫師在其傳統角色和他們於近代所被賦予的「科學家」角色之間，兩者的行為準則存在何種落差和衝突。而這和現在醫學倫理問題間，應該有著非常密切的關係。

筆者深知現代醫療倫理所涉及的問題既深且廣，絕非三言兩語便能涵蓋竟盡。例如ＩＶＦ（體外受精）、器官移植、男嬰女嬰的辨識、甚至包括ＩＣＵ（加護病房）問題或醫療過剩、患者的自主權等，隨著醫療技術的快速發展，社會制度以及人類的思考模式已逐漸有追趕不及的趨勢。但是我們也不得不承認，這一切的問題，唯有在對上述的問題意識有充分的認知之後，才能獲得圓滿的解決。

除上述論點之外，本章也將分別就形成醫師以及科學家之行為準則的社會環境加以比較，抽絲剝繭以了解個中差異，再就醫師為何會從他的既有的傳統角色，轉而被賦予科學家的使命，本章將以歷史的角度一探究竟。也因此整個論述的重心將放在西歐社會。就如先前所提到的一般，不論任何時代、任何社會都有醫師的存在，但是論及培育科學家的社會之起源就非西歐莫數，因此兩者要作比較，當然只有從西歐社會中觀察。

西歐社會中的醫師角色

西歐開始確立其獨立的社會形態，並完成各種社會制度的歷史，其實仍然很短暫。尤其是以學問的觀點而言，其起源應可說是近在十二世紀的文藝復興時代。繼古希臘、羅馬之後，拜占庭和伊斯蘭承繼古代學術，延續學問的薪火，但是整體而言，西歐地區在十一世紀之前，鮮少有重大的突破。

基督教世界和回教間展開的失地爭奪戰(reconquista)中，尤以伊比利(Iberia)半島上的爭戰最為激烈。十一世紀間，基督教繼續向南推進到伊比利半島中央地帶，當時甚且連特雷多都落入西歐的手中。然而就在這特雷多街頭，基督教社會的學者間，掀起了向回教學者學習希臘學問的風潮。當然這種學習風潮並不只限於特雷多而已，在西西里等地區也可看到相同的現象，直到十二世紀，西歐世界的學者才取得亞里斯多德、葛利諾（Galenos，希臘籍醫師）、威克雷得（Eukleides，英國哲學家）等，古代世界中大師級學者的著作。事實上，在十二世紀之前，西歐世界的知識階層，甚且連亞里斯多德的名字也不得而知。

因此，如果說古代的學術在西歐世界的「復興」現象，稱為文藝復興，那麼，十二世紀古代學術的振興風潮，應可說更符合文藝復興的名稱。這也是「十二世紀文藝復興」一詞產生的由來。

基督教的神學和新興的希臘學，尤其是因為亞里斯多德主義與之融合的結果，誕生了經院(Schola)學，同時在學問制度方面也有相當大的進展。其中特別值得一提的應該是大學制度的誕生吧！配合經院學的萌芽，十三世紀時大學這項教育機構在歐洲各地逐漸嶄露頭角。不論是被稱為波隆那(bologna)型的「學生型」，或是被稱為巴黎型的「教師型」，儘管在草創階段，形態上有些許不同，但是幾乎所有的機構很快便在共同的模式之下，逐漸發展開來。

所謂共通的模式，其結構如下。首先，在大學內都設有必修的基礎教育科目，這些科目原文為artes liberales（譯者按：日文譯名為「自由七科」，比照中國古代士人必修的六藝，中文就權且譯之為「七藝」吧）。這個概念本身出自希臘，同時如同一般所知道的，這七項科目可分為三科(trivium)和四科(quadrivium)兩類。

- 三科(trivium)
  - 理論(logica)
  - 文法(gramatica)
  - 修辭學(rhetorica)
- 四科(quadrivium)
  - 天文學(astronomia)
  - 幾何學(geometrica)
  - 算術(arithmetica)
  - 音樂(musica)

以上分別是七藝的內容。現在英文中有「trivial」的單字，形容詞，意味著「毋庸置疑，理所當然」，據說語源就是來自於上述的「三科」。而三科正是任何一所大學的學生必須修習的課程。

依照上述內容，或許可將所謂的三科歸納為和語言相關的學問，而另四科則是在於自然的探索。說前三科是和語言相關的學問，應該沒有可議之處，但是後四科如果說都是探索自然的相關學問，則需要加上些許的說明。如果以現代人的認識，音樂一門很難認定是與自然探索有關。但是音樂這一門，舉例來說，將一條弦以一對一的比例等分，就形成八度音階，

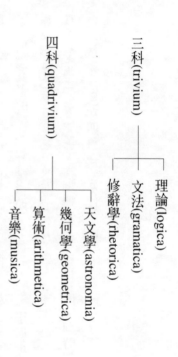

相同的，如果以一比二、一比三、一比四等，作整數比分割時，各會形成不同的和音。

換句話說，音樂本身可以變成算術問題。而將弦做等比分割，以另一個角度而言，也是一種幾何學的問題。這應該如何解釋呢？因為只要將弦的兩端連接形成一個圓，再依據上述的等比分割，就能將其改變成正三角形或正四方型，如此一來便是與圖形相關的學問，因此可稱之為幾何學。同時音樂也可衍生為天文學的問題。例如著名的天文學家克卜勒利用近日點和遠日點，在單位時間內行星的運動視覺比為基準，針對各個行星計算出其固有的音階。由此可知不論是天文學、幾何學、算術或是音樂，都不是獨立的知識領域，其間有著共通的原則。

在此前提之下，我們再回顧經院學的主張便會發現，有兩項事物同時被視為是神的創作。根據經院學派特有的說法，神的兩大創作包括《聖經》以及自然。《聖經》本身是書籍，因此如果說神創作《聖經》，這固然言之成理，但是也將自然稱之為書籍創作，又該如何自圓其說呢？自然如果說是神的創作，那麼其中應該清楚地涵蓋神的計劃(Holy Design)、神的意志(voluntas Dei)，而人類便可透過自然的探索，一一地了解神的計劃和意志。而這些探索、讀取自然的過程，其實就像是一頁頁地閱讀書籍一般，因此也將自然列為一種書籍創作。因此，對當時的人們而言，閱讀《聖經》和探索自然，具有同等的意義，他們並不認為其中有任何矛盾之處。

如此一來，前述的三科主要目的在於解讀神以語言寫下的書籍，也就是閱讀《聖經》所必備的知識，而另四科便是為理解另一冊書籍——自然，不可或缺的學問。當然這只是筆者的假設，而這種詮釋是否成立呢？另外值得一提的是，伽利略也曾說過，自然這本創作是神以數學的文字完成的。

但是在哲學系裡，即使修完了這七科，也仍然無法取得博士資格。以德國為例，直到十九世紀，大學的哲學系才取得學位的資格，這將在稍後介紹德國的大學中，進一步說明。而也是直到十九世紀，才開始成立和科學相關的學問，同時也才有科學科系的博士出現。話說回頭，在中世紀時代，哲學系裡是無法取得博士學位的。若要取得這項學位，必須進升到高級學系，學習更專門的知識。而當時所謂的高級學系只有醫學系、神學系以及法學系等三項。換句話說，十三世紀成立於歐洲各地的大學，雖說是一種社會性教育機構，但是當時只視醫師、神職工作者以及法律相關從業人員、律師三者為專業人員。

換句話說，這三者的專業知識，自中世紀以來便受到社會的認可，同時也視這些人才的培育為社會本身的責任，表現出徹底執行的決心。而在這項決心的背後也充分顯示出當時社會的價值判斷，也就是，雖然培育人才本身需要很多付出，但是絕對可以獲得相當的回饋。

但是，有一項重點由不得我們疏忽。那就是對於這三種專業知識人員所付出的辛勞，社會到底給予甚麼樣的回饋。歐洲自古以來便有「honorarium（單數），honoraria（複數）」的說法，指的正是給予上述三種專業人士，特別是醫師的酬勞。由這個字的語源看來，這代表的不是勞資、佣金或是代價，而是接近於名譽、崇敬的意思。

由此可知，對於上述三種行業的金錢給付，並不代表是對等於其智慧性服務的報酬，而是對其職業本身所表達的一種尊敬的象徵。這點和科學家相比之下，形成非常鮮明的對比。

科學家的誕生

科學家，也就是英文中所稱的scientist，其出現的歷史可追溯至十九世紀中葉。筆者認為自然科學本身的形成，應該也是在同一時期。這雖然和我們一般的理解有所出入，但卻絕對有其可信之處。至少到十九世紀初期為止，我們今日視為理所當然的科學教學，在當時的西歐並不稱其為science——科學，而是將其一併納入哲學(philosophy)的領域，由此也可為上述的論點作印證。從制度面而言，先前也曾提到，當時哲學部分的學問雖然被認定是大學的基礎課程，但是卻不授與學位，而被視為是獨立性專業學問的只有醫學、神學和法學三項。

更進一步說，在當時的認知中，所謂知識的學習也就表示是對知識的愛。「愛知識」本身就是哲學的本質。當然，這種對知識的認知是源於希臘思想。就如前面所談到的經院學一般，自然的知識探索本身就是在閱讀神的語言，如果在這類的希臘式哲學觀中再加上這類的註解時，愛知識這項行為，在宗教領域中也能獲得認可。爆發於十八世紀的聖俗革命，試圖使知識的追求，與宗教脫離關係，或說是，希望使追求知識的人們，從意識上根本消弭他們的宗教意識。但是這些變革仍無法改變其「愛知識」的本質。

這種觀念中蘊含非常重要的論點。英文中amateur，現在一般被認為是「業餘」的意思，但是其原本的意思應該是「熱愛的人」。換句話說，對某件事十分熱愛，以致全心投入的人便是amateur。由此可以推出一個必然的結論就是，「哲學家」也就是所謂的「愛知識者」勢必是一個amateur。十八世紀末至十九世紀初期，德國的大學發起了哲學系的升格運動。這項運動主要在於爭取和醫學系、法學系同等的待遇，也就是獲得學位授與的資格。這項運動所蘊含的意義十分廣泛，而此處主要的著眼點在於，哲學系所涵蓋的學問已經超越單純的「愛知識」的範疇，哲學是一門獨立而專門的學問。

其中特別值得強調的是，原本在哲學領域中只是小小一環的自然科學，在當時已經以獨立的知識領域姿態，開始表現自我的主張。這項轉變主要基於兩項契機。一項是一般性的自然趨勢，另一項則是基於偶然，具有個別性因素。第一項所謂自然趨勢，主要是由於當時德國大學制度的改革。拿破倫軍事失利之後，當時的普魯士對自十九世紀初以來便已逐漸積弊不振的大學，開始有所反省。因而促使了所謂洪保德(Humboldt)派大學改造運動的興起，乃至創立柏林大學，這項改革運動非常嚴謹地將學問重新加以概念化。而重新定位後的學問，一門門都唯有專家才能一窺堂奧，至於所謂的業餘愛好者就只能望門興嘆。其他姑且不論，至少在最高學府的大學當中，一知半解，或是玩票性質的人都絕對難以達到學問的研究。這便是這項改革中，對於學問所樹立的基本前提。

當然在此前提之下，可想而知，爭取獲得學位授與資格的哲學系，對於其學問領域，自然要仿效前輩——醫學、神學、法學等科系，作明確的區劃，這項因素同時也是十九世紀初期，促使許多新的學問領域分化、獨立的重要契機之一。

而另一項個別性因素則和一位學者有著密切的關係。利比喜(J. vonliebig)自法歸國後，在吉森大學單獨成立一所小型的實驗研究室，開始我們今日所稱的有機化學的研究與教學工作。一般認為這是歐洲大學內設置自然科學相關研究設施的先鋒。當時正值一八二〇年代，而這應該同時也可說是「科學」發展的開端。

日文中的科學一詞，當初造語便是根據「各種科目分立的學問」的概念，由此可以想見當時日本在接受歐洲的「science」時，正是這門學問獨立、分劃特徵最強烈的時期。

由於上述兩項因素的交相作用之下，十九世紀中葉，歐洲出現了少數所謂「科學家」的社會新階層，而擁有這項身份人士的集團也開始陸續成立。

仔細研究不難發現，這群新興社會集團，或說是這門行業，也和醫師、神職工作者、律師、法學專家一樣，販賣的不是實際商品，當然也不是提供勞力。很顯然地，他們之所以存在的基本條件就在於，基於科學家本身的專業知識，提供智慧性服務。雖然提供智慧性服務的條件相同，但是就如同德文Berfu所顯示一般，一般社會公認，既有的三項職務代表著神所賜予的天職，而科學家卻仍是不為人所知的新興行業。以當時的著名學者赫胥黎(Thomas Henry Huxley)為例，就現在的觀念而言，毫無疑問地他是一位「科學家」或說是「生物學家」，但在當時的一八七〇年代，當在演講會上被介紹為scientist時，他非常感慨地表示，自己決不是scientist，可能的話，寧願被稱為是a man of science，非常果決地否決他「科學家」的身份。由此可以證明，在十九世紀末期，至少在一般的英國社會中，所謂「科學家」的職業或身份，仍然不被認可。

因此，科學家這群新興階層便開始團結自立，爭取一般社會對自己的身份有所認識。在此風潮之下，德國的ＧＤＮＡ(Gesellschaft Deutscher Naturforscher und Aerzte)、英國的ＢＡＡＳ(British Assocciation for the Advancement of Science)、或是美國的ＡＡＡＳ(American

Association for the Advancement of Science)等組織相繼成立，在在顯示十九世紀初剛剛擡頭的科學家，為爭取社會地位所作的努力的痕跡。

此外，學問的排他性也是促使當時科學家之間團結的主要因素之一。當時隸屬於各學術領域的學者，對於組織具有排他性的學術團體，也就是所謂的專門學會的企圖非常強烈。他們結合對該門學術領域擁有專門知識的成員，成立學會，希望藉此維繫學術研究的水準，進而有所提升。一般就將這種現象稱之為「學問（科學）的制度化」，而此處的制度化具有兩層意義。第一是，社會中開始成立相關制度以支援科學研究（向一般社會提出此要求的是，前述的GDNA、BAAS或AAAS等組織）。第二，科學研究者之間也逐漸建立一種制度，以此支持、推動自己團體的研究活動。以全球性的角度來看，專門學會成立最為蓬勃發展的時期，應該是在一八七〇年代。

對我們目前所面臨的問題而言，最重要的便是這兩項科學研究制度。對此下一節將再進一步探討。

科學研究的制度化

就如前節所述，直到十九世紀後葉，西歐社會才終於出現科學家這種社會身份或說是職業，同時他們也開始向一般社會要求相關制度，作為鞏固自我地位的憑藉。例如，他們明白若要維繫、發展所謂科學這項行業，最重要的便是培育後繼的生力軍，然而要由剛自立門戶不久的科學家們自掏腰包解決這項問題，這可說是緣木求魚。因此，唯一的途徑便是借助既有的教育機構。換句話說，就是利用既有大學，雖然其原本成立的目的不在於科學人才的培育，但仍希望能夠權宜變通。而當時的一般社會便面臨著是否接受科學家這項要求的問題。下述表格是德國某大學哲學系學生占學生總數比例的逐年統計，以及哲學系學生中，「理科＝自然學科」學生所占比例的統計表（TH代表高等工業學校的學生總數，此為比較性參考資料，出自拙著《何謂技術—由科學與人類

年度	總數	哲學系（其中的理學系學生）	TH（總數）
1835	6.476	21.4% (2.4%)	114
1860	6.566	34.5 (4.7)	851
1870	6.890	38.4 (7.3)	1,212
1875	7.924	41.5 (11.2)	2,752
1890	13.314	29.4 (7.7)	1,619
1900	16.812	38.4 (13.9)	5,200
1910	25.707	47.8 (13.1)	4,345

的觀點出發》，日本放送出版協會，一九八六年，一四四頁）。

德國大學的哲學系終於獲得學位授與的資格，當時科學家只是社會的新興族群，而由表中也可清楚看出，就在這段期間，有志成為科學家的學子增加速度相當可觀。由此也可得知，利用既有的教育機構培育科學家的這項請求，顯然已為一般社會所接受。相對地，這也可以證明社會對於科學家的認同，以這階段發展最為快速。

科學家之所以為社會認同的理由在於，社會可自科學家的智慧性產物中獲取利益。科學家團體的各種活動，也正好切中當時社會的需求，利比喜可說是最典型的例子，他所研究的有機化學科技，對當時社會助益良多。就在這些優異成果的累積之下，科學家逐漸為社會所接納。毫無疑問地，醫師、神職工作者、律師、法學專家所提供的服務，是對社會具有貢獻的，而他們所受到的honoraria，也正是傳統上一種名譽、尊敬的象徵。而科學家的貢獻卻被摒除在這項既有的認知之外，因此科學家們唯有透過自我宣傳，在不斷累積成果的同時，再利用種種實際的表現，才能讓社會肯定他們的貢獻。

如上述般，科學家必須透過這種「對外」的方式，為自己的研究成果賦予價值，就在這種過程之中，他們的智慧性產物無形中便形成了以「貢獻度」作為成果的指標。根據筆者的觀察，即使是現在，仍然有為數頗多的研究者是「amateur」，也就是基於對學問的熱愛而從事研究。但是就整體而言，科學家的智慧性服務對於社會的貢獻，終於普遍地獲得社會的認同，當然這對於研究者而言，正是夢寐以求的結果。也因此形成一種現象，就是當科學家要申請科學研究費時，往往非常強調該成果對於社會將有何重大的貢獻等，有時甚且到了誇大不實的地步。相對的，如果研究成果完全無法「回饋」社會，便只不過是種利己的行為，無法為社會所接受。

此外，專家間的專業組織應可說是另一種制度化吧？專家之所以會在同業之間成立科學家共同團體，其主要目的當然在於維持、發展該門學問研究的水準，也因此，當然只有在該學問領域中具有相當成果的專門性學者，才能成為組織的成員。這些所謂學會的入會資格便訂得相當嚴格，同時對於會員的研究成果也訂定了許多相關制度。例如學會會指定專屬的編輯委員，在其指揮之下編輯學會專刊。而刊載在學會專刊上的論文，原則上都將成為該領域學術評論的對象。當然，投稿編輯部的論文，未必都能獲得刊在專刊上。為達到公平審核的目的，必然需要引進評審員制度，只有經多數評審員認可的文章，才能獲登在學刊上。而這些學術團體甚且會自籌經費成立獎賞制度，對於在該領域研究中貢獻卓著的研究人員給予權威性的獎賞。諾貝爾獎成立於一九〇一年，這也意味著當時正是專業制度化最蓬勃發展的時期。

成果受到專門學會的認可，或是確實有幾篇論文著作經該學會專刊發表，乃至獲得一、二項獎項的研究人士，基本上還是較容易登上該學會安排的資深排行榜。而這些學而有成的科學家，不僅是在專屬學術團體，包括一般社會在內都能普遍獲得肯定。而這種現象仍可在今日諾貝爾得獎人所受到的過度稱許和無意義的權威上明顯的看出。

上述的學會獎賞制度中，不可諱言仍存在一大問題。那便是審核標準的問題。例如，對於投稿到學會的論文，負責審核的評審，究竟是依據何種基準進行審查作業？或者，類似諾貝爾般的獎項，是依據何種標準決定受獎人？

學會既然是專家組成的團體，那麼彼此間的審核自然須依據其一定的基準。這便是一般所稱的「同僚審核」或是peer review。事實上，這正是問題的癥結所在。越是專門性的論文，能夠理解其內容，並能給予評價的人當然有限。具有這樣能力的人不僅有限，同時也是非該學會的成員莫屬。然而事實上，選定評審員的背後並非如此單純。一般而言，專家難免會自恃於自己的專業，因而有排斥外來人士的傾向。使用業界的行話，無非是排他性集團慣用的手段，不僅醫師團體中經常可看到這種排外現象，同時在科學家的集團也可強烈感受到這股傾向。也因此前述的所謂評價基準就非得由該學會內部自行決定不可。

也因此，就內容而言，評估基準便往往因各專門領域而不同，例如，所謂昆恩範式（權威觀點）的概念，便代表著某時代、某領域的科學家團體特有的觀念。結果這種個別性概念不僅左右該團體的研究動向，同時，隸屬於該團體的科學家，也會以此作為其選擇研究主題、乃至設定解決方案的主要依據。當然，作為判斷研究成果的審核基準，自然也不出此概念的範疇。

上述的狀況如果加以形式化時，便會發現如下的結果。某專門領域的科學家，只要對於該團體共有的總體知識(a body of knowledge)，能夠有些許創新貢獻的話，便會獲得正面的評價。相對的，如果是拾人牙慧，人云亦云的話，當然就不被肯定。而這種評估基準就權且稱之為「部分創新主義」吧(something new-ism)。

以哥白尼的地動學說為例，他於一五四三年出版 *De revolutionibus orbium coelestium*《天體運行論》，正式提出他的地動理論。但是在書中，哥白尼一再強調，早有許多前輩學者提出相同論點，絕非他個人標新立異。由此可見十六世紀左右，所謂的「部分創新主義」在西歐社會仍未出現，而這項「部分創新主義」的觀念也未必只限於科學剛開始展露頭角的十九世紀，以更遼闊的視野來看，這觀念和近代西歐的價值觀間，有著深厚的關係。

而所謂的西歐價值觀便是：第一，屬於個人的，第二，必須是前所未有的。而其中的第一項要素主要和「個人主義」有關，而所謂的第二項要素，其實也是根源於此。因為其主要用意在於，保護已經先行研究者的權益，因此兩項要素可說是一體兩面。一切以個人為出發點，在西歐，這種價值觀到了十九世紀可謂達到最高峯，而這也正是科學的主要創造者——科學家展露頭角的時期，因此對此價值觀本身的形成不無影響。也因此，由科學家內部制定的審核基準便格外地重視所謂的「部分創新主義」，這種發展對當時的大環境而言，應該是非常自然的趨勢。

因此學會的評審委員在審核投稿的論文時，重點就在於，內容是否抄襲。而評審得獎作品的重點當然就在於是否是原創作品。

在這些專家組織內部，所謂的研究方針便在於，針對「總體知識」，再加上部分個人的創新貢獻。因此「擴充」既有的「總體知識」便是當時研究人員的最高使命。相對地，只要是對研究發展有所阻礙，也就是舉凡會延緩「總體知識」擴充的行為都遭到否定，這便是當時價值觀的主流。

了解上述價值觀的本質之後，對於新興於十九世紀，被稱為科學家的這門新行業，應該有更清楚的認識。美國的社會學家R・馬頓曾將維繫科學的特質歸納為下述四項：

(1)普遍性

(2)公有性

(3)超脫於個人利益之外

(4)系統化的質疑主義

但是，隨著時代發展的腳步，上述的四項特質已經逐漸無法再維繫科學的發展，或是成為規律科學家的準則。而引導科學家的準則毋寧說是專門學會的規定，即從事何種研究才能登上專家排行榜。登龍門的步驟既然已經明確的形成一種制度，那麼多數的研究者自然沒有不順應潮流的道理。換句話說，研究成果本身才是自己獲得名利的最佳保障，因此上述的四大規律中，「超脫於個人利益之外」便形成一種空談，而其他的三項要素也不免面臨相同的命運。

醫師和科學家

醫師屬於一種智慧型專門行業，這早已是一種共識。而先前也已經約略提到，醫師和科學家比較之下，究竟有何具體的差異?首先來探討要成為科學家的兩項必備條件。第一是「對外關係」，科學所創造出的智慧性產物必須為社會提供最高效益。也就是所謂的「實用價值」，是評估科學家成就的基準之一。但是相反的，「對內關係」也不容科學家忽視。在「對內關係」中所謂的「實用價值」完全不在考量之內，是否能完成「部分創新」，對專屬團體有所貢獻，這才是研究成績考核的依據所在，而這種現象毋寧說是一種雙重標準。而真正主導科學家研究動向的，當然是專業集團內的基準，醫師當然也不得不遷就於同業間的種種制度。但這若是面臨能否實際從事醫療業務的抉擇時（例如參加英國久富盛名的Royal College of Physicians——皇家醫師學會），意義就完全不同了。但是無論如何，對醫師的立場而言，因為和雇主也就是所謂的患者有直接接觸，因此唯有患者對自己工作的評價才是取決成敗的關鍵。

當然，在患者或是其家屬間評價極高的醫師，未必都是最優秀的醫師。因為患者及其家屬的評估都難免以自我的利益為出發點。但是，不容諱言的，不能將患者列為優先考量的醫師，單以這點便失去當醫師的資格。雖然「西波克拉提斯（Hippokrates——希臘醫學之父）誓言」相當著名，但是一般而言醫師的行動原則應該都相當有條理可循。當然在現實中，醫師和患者間經常會發生許多問題，這種現象自古即然。也因此在十九世紀初，當醫療倫理問題開始受到矚目時，巴捷魯的著作*Medical Ethics*（《醫德》）（一八〇三）往往成為引證的依據，這部著作與其說是探討倫理，不如說是避免類似醫療倫理問題的發生。若是已經發生，則希望在這部著作的指引之下能夠順利平穩的解決。整體而言，這是基於現實需要（英文中稱之為prudence）的作品。

或許有人認為，關於醫師的所謂天職一般都有某種程度的了解，因此不需要特別提出探討。這種論調的確不無道理，但是顯然的，今天的局勢已經產生極大的變化。就如同稍前所提到的一般，促使醫療發生變化的主要因素，似乎是由於高科技介入醫療活動的結果。然而事實上，醫師本身角色產生極大的變化才是更根本的原因所在。簡單地說，現代的醫師逐漸扮演著科學家的角色。

對於上述的觀點，想必會招致強烈的反駁吧？漠視科學的進步，只是墨守傳統醫療技術，這種抱殘守缺的醫師豈不是更令人憂慮嗎？熱中研究，日以繼夜，不辭辛勞，不斷致力於醫術的進步與改良，唯有這種走在醫療科技先端的醫師才是值得我們信賴的，不是嗎？

對此筆者絲毫沒有異議。但是癥結並不在於醫師對科學研究熱中與否的問題。大致而言，熱中科學發展，富有進取心的醫師，無疑都是可取的好醫師。但是，此處要探討的問題的真正核心並不在此。筆者稱醫師變成科學家，主要是意味著醫師的行動原則和科學家沒有兩樣。

時下許多醫師，尤其是專科醫師，從事醫學研究時，其依循標準完全和上述科學家的行動準則如出一轍。醫師們接觸種種病例，並負責醫療工作，而從中他們撰述許多論文在學會中發表。而這種行為正是依據上述科學家的「對內性」基準，因此，能夠投合評審員的喜好，獲得刊登的機會，甚且獲得業界最高評價，其關鍵仍然在於「部分創新」，也就是在既有的整體知識中，再加上部分自己的創作。而現在的醫師無不爭相在「部分創新」中大作文章。

這現象就如同科學家一般，成為受人支配的團體。

一名患者之所以能在平靜中接受死亡，自己在言行上的種種努力說不定是他精神支柱的一部分，但這類的論文毫無疑問的，絕對沒有在學會的相關刊物上發表的機會。當然由醫師整體來看，以研究為導向，也就是科學家＝醫師的比率並不算太高。但是問題就在於，具有研究者行動模式的醫師，不論是在一般世人眼中，或是醫師團體中，所受到的評價往往都較高。此外，一般患者傾向上大醫院的比率也越來越高，而大醫院中又以這類研究者型的醫師居多。

以歐洲的傳統而言，大醫院的前身往往是救濟院，而收容其中的患者，說得極端些，對於院方的醫療方式完全沒有拒絕的餘地，這種現象其實距今不遠。即使是筆者幼年時期，所謂的住院，都還是件相當不尋常的事。而今，在醫院內生生死死，已經被視為是非常理所當然之事，此時如果和患者以及其家屬關係最密切的醫師，仍舊以研究者自居，視「部分創新主義」為最高行動準則，只將焦點放在有朝一日榮登專門學會的金榜，這種情況自然不能說是健全社會應有的現象。

除此之外，先前所提到的，科學家雙重標準的問題也十分值得注意。換句話說，即使是研究者類型或科學家類型，既然身為醫師，自然對於服務社會的天職就不能有所怠惰。但是，即便是科學研究者本身在從事科學研究時，真正的意圖姑且不論，他們卻往往認為研究本身就是符合「外向性」的行動尺度，也就是追求「有益於社會」的一種表現。換句話說，醫師即使是採用科學研究者的行動模式，但是其最終結果仍將有益於社會，也因此其行動本身應該是有價值的，最後當然會使患者以及其家屬受惠，而這種缺乏根據（姑且容許我如此說）、一廂情願的觀念便由此形成。

前文中已經談到，為何科學家必須強調，其研究成果對於社會的貢獻，而同時一般社會大眾也逐漸接納科學家的存在。然而即使價值標準是在於對社會的貢獻程度（其實這種觀念本身十分值得爭議），但是誰都無法保證，科學研究者的研究成果絕對是正確的、善意的，可以完全予以接受的。而醫師這項行業，不論是就歷史觀點或傳統認知，自古以來就沒有人懷疑其善意和正確性，這和科學家間形成非常強烈的對比。不僅如此，科學家型的醫師總是一味地認為，自己的「研究」是絕對充滿善意，同時是正確的。

因此，現代醫師的行動模式往往比照科學家的價值指標，因此表現在外的醫學倫理也只不過是在支持這種觀點而已。

這樣的分析當然不能僅止於「還是從前好」的結論。更重要的是，如要探討所謂的醫療倫理時，上述的現代社會趨勢就不能不列為觀察要素。恕筆者大膽地說，本來探討醫學倫理問題本身就會製造許多歧出因素，導致問題脫離本質。而所謂醫療倫理的探討，其重點並不在於傳統的「醫療」，而是醫療人員在援用科學家行動模式之下，所形成的新風貌。

在此我們不妨回顧一下歷史上由科學研究者首創發起的科西羅馬會議，也許它曾是振興研究的捷徑，但是無形中也對科學家本身的研究形成一種絆腳石。只要對自己的研究發展有些許阻礙，便視其為決定性的不良因子。而這項會議便是某些集團，因其研究活動的需要，首度將這種觀念具體化的集會。美國的科學界今日對於科西羅馬的結果，反應遠不如預期。這主要是由於這種觀念，可能會遺患後代，因而造成美國科學界的反彈。

總而言之，舉凡與今日「醫療」有關的種種問題，其根本問題與其說是在於倫理，不如說是科學研究的道德觀念，這點相當值得我們深思。

同時在此值得一提的是，科學促使醫療本質改變的另一項因素。十九世紀，實驗方法被視為是推動新興科學最重要的動力來源，這股風潮當然也對當時的醫療界產生影響。原本自西波克拉提斯以來，一般便相信人類擁有自癒能力，安普羅斯・巴雷的名言：「包繃帶的是我，但是治療的是神」更是膾炙人口。由此可見，當時的觀念是，對於患者的醫療，醫師只是從旁或說是盡其所能地給予協助。十八世紀之前，這種醫療觀念便是西歐醫療史的主流，但是近來由於「文明」思想的開花，這項醫療觀念也因而產生極大的變化。

「文明」在歐語中含有「都市化」、「人工化」的概念。而「自然」則和「都市」、「人工」形成對比。如果棄之不管時，「自然」便會顯得不經濟、沒效率，因此需要人為的介入，以改善這些負面因素，這便是所謂「文明」的核心概念。不僅是醫療界而已，這項新觀念甚且滲透至一般社會。而就在這股思潮的影響下，醫療界原本對於「自癒力」的信念便開始產生動搖。不能再聽憑自然的發展，人類必須更積極地探索克服疾病的手段。這種觀念不僅在近代醫學逐漸形成普遍的認知，同時也促使外科醫學的擡頭。以往外科醫師只被認為是一種工匠，而十九世紀以來，外科醫師之所以能在醫學領域居於樞紐地位，這一切絕非偶然。不畏血淋淋的場面，積極地切除患部，為喪失功能的器官進行移植手術，嘗試一切可行的人為方法，這種醫療行為正是前述觀念影響之下的結果。

另一方面，克魯德・貝魯那開創實驗生理學，也就是透過人為方法精確地掌握人體組織，藉此徹底解析生物體的功能。此外，他也很積極地探究疾病的真相，這類學問的誕生與發展正是在十九世紀下半期，這也象徵著，當時人類企圖想以人為力量干預人體。生理學和病理學由此蓬勃發展，而就在這發展過程中，人類，或應該說是人體，便淪為所謂人為實驗的研究對象。

而這種現象不僅止於個人，事實上人類集團也面臨同樣的命運。十八世紀以來，統計學逐漸展露頭角，而人類集團中所謂掌握「自然」法則的命題，也應運而生。同時，利用這種自然法則，將人類集團的「生理」利用實驗方法加以剖析，並且企圖將其中潛在的不經濟、沒效率等負面因素加以改善、改良，這種趨勢到十九世紀之後，更為明顯。「社會學」一詞尚未醞釀出現之前，肯特（Comte，一七九八～一八五七，法國哲學家，社會學之父）將自己研究的學問稱之為「社會性生理學」，由上述說明，不難理解為何肯特會如此命名。而這股思潮當然也影響了當時的社會改造主義。

事實上也出現了許多非常特別的見解。例如，被稱為是近代統計學鼻祖的凱特雷，他由統計數據得知，犯罪者以貧窮階層居多，因此，貧窮是犯罪的溫床，而最後獲得的結論是，只要消滅貧窮便能消弭犯罪。當然其中便透露著社會改造主義的一般性觀點。但是，凱特雷又發現一項事實，那便是，累犯的犯案比率遠高於初犯，凱特雷由此得到的結論是，原本就有幾成的人類具有犯罪的傾向（自然現象），而我們必須視其為「自然」（生性使然）現象，換句話說，這種現象即使從社會現況中施以「改造性」的手段，依舊罔然。顯然地，這項結論和先前的改造主義性結論彼此矛盾。

然而這種矛盾現象倒有一個化解的方法。極端地說便是，這種「自然」現象可以經由人為介入加以改變。換句話說，使人類之中占幾個百分比的「自然」（生性使然）犯罪者從現實中消失，或是不讓其留後，也就是使其在未來當中也不存在。優生學形成於十九、二十世紀交替之際，人種改良、或是使具有「惡劣」素質的人類消失，當時熱烈討論的盛況想必各位仍然記憶猶新吧！

縱觀以上的種種現象可以得知，由於科學的勃興，十九世紀西歐的醫療，一方面以人類的個體為實驗或操作的對象，以建立所謂的新方法，另一方面又針對社會或人種，也就是宏觀的人類集團，將其納入實驗和操作的對象，藉此獲得新的手法和概念。

一九三一年，原德意志帝國內務省便發布一項命令，「以人類為研究對象之倫理綱領」，內容設想十分周到。這是現代國家頒布此類法令的開端，相當具有其歷史意義。這項綱領中明令，不得以青少年、重病者為實驗對象，缺乏本人或其法定代理人確實同意者，不得進行實驗等。針對以人類為對象的醫學性、科學性研究活動，設下人道的關卡。

然而，就在此綱領頒佈後二年，納粹主義取得政權，進行大規模而徹底的非人道人體實驗，這無疑是一大諷刺。誕生於十九世紀的科學領域以及相關的支持方法，乃至隱藏其後的「文明」意識形態，這種種因素對於醫療領域都形成一股影響力。從此，對於「自然」的信賴開始動搖，而「自然」至上主義的觀念也日趨沒落，人類再也無法滿足於「自然」的不經濟、沒效率。相形之下，藉由人為力量加以改善、改造的思潮變成為當時的主流。正因為這股社會風潮的存在，納粹的行為或可說是一種莫可奈何的必然結果。由於醫療和科學的交會，以致引發醫療本質的改變，同時也不可避免地，使其背負著這陰暗的一面。基於此，現代醫療所必須考慮的「倫理」，是完全不同於西波克拉提斯時代的「倫理綱領」，這正是現代醫療世界所面臨的處境。

腦死鑑定的陷阱——科學判斷基準

前章主要針對「研究者」制度形成的背景因素，嘗試探討科學為醫療帶來的光與影。進一步，本章將就實際的內容，尤其是針對死亡的判斷基準，繼續深入剖析。

死亡判定和「專家」

日本以擅長挖苦聞名的武見太郎，將近代醫學稱之為「器官醫學」。這件事曾經掀起相當大的迴響。不過這個稱謂的真正含義，和筆者隨後想要探討的問題，本質上似乎不盡相同。大型醫院醫師分科非常仔細，例如循環器官科、呼吸器官科……，而循環器官科中又有心臟科，甚至有主治其中僧帽瓣(valvamitralis)的專門醫師。對這些專家而言，所謂的疾病意味著，其目標器官的故障。如果目標器官發生故障，那麼該當事人便是病人或稱為患者。因此，所謂的醫術便是，為故障的目標器官做修復工作，如果無法修復時，那麼即使採行更換的作業也在所不惜。

這種疾病觀，或是患者觀乃至醫療觀，正是武見諷刺為「器官醫學」的主因。有關這項論點將會在本章另行探討，而此處是嘗試將「器官醫學」這具有警世意味的用語運用在其他的文脈中。例如，腦死的概念。由於它涉及器官移植問題，這項概念今後想必會更受到重視。而這項概念不正是最典型的「器官醫學」之一嗎？這點便是筆者在此要強調的論點。

本來死亡是非常多元化的概念，當然這也代表著一種社會性概念。所謂的死亡，代表該名當事人原本負有的社會性功能或權利、義務等畫下休止符。因此，（或許應該以低一層次的社會性概念來考量）死亡同時也和法律概念關係密切。因為繼承或權利、義務的行使等，在一個人的生命終結時，會產生決定性的改變。而法律正是以死亡（或是生存的終結）作為相關判決的依據。同時最重要的是，這項判決的基準——生存的終結，或說是死亡的開端，法律重視的是某個「時點」的問題。

我們不妨想像一下，二個人死亡（時刻）的先後，將對繼承權產生何種影響。假設死亡是一種連續性的過程，在此前提之下，我們不難想像法律的執行上會產生多麼嚴重的混亂。同時，另一項重點是，這個時刻，也就是生存的終結（死亡的開端）必然是一絕對不可逆的過程。

死而復生的例子，古今中外不乏其人。過去歐洲有許多人會在遺言中追加一筆，埋葬時希望將頭砍下，想必這是來自對活埋的一種恐懼吧？在偶然的機會下挖開棺穴，赫然發現裡側殘留非常深刻的爪痕。讀到這樣的新聞報導，對於這份恐怖不免有深一層的感受。

附帶一提，往往在此情況下，報導方面會使用「死而復生」的字眼，事實上這根本就不正確。這些人們絕非是死而復活，而是非常單純的，還沒有死。也因此，就定義而言，由生到死的轉變是，絕對不可逆，同時必須是發生在一個（時點）上。換句話說，生死的判斷最重要的是，是否已經跨越這不可逆的一線，同時也絕對要避免發生絲毫的失誤。

而這種對於生死的判定，醫師不僅是以「專家」身份，更以獨占性的姿態，全盤掌握，如此當然難免萌生問題。當然，在此之前，死亡是醫療領域的問題，而醫師的使命正是陪同患者作生死之爭，因此，醫療價值建立在如何延續患者的生命之上。而延續生命一事成功與否，便成為醫療成果評估的主要依據。如此說來，死亡判定與其說是由醫師所獨占，事實上其本身應該就是醫療問題的一環。

但是，某些人則是將疾病視為「自然」的旨意，因為不願拂逆自然——或說是神的旨意，因此拒絕接受醫療。換句話說，對這些人來說，他們的死是無關乎醫療的。儘管如此，原則上他們的死亡宣判仍需要經過醫師的鑑定。

在此情況之下，我們也可將其視為是醫療本身的一種矛盾現象。如果真如上述，醫療的成敗取決於能為患者延續多久的生命，那麼，患者的死不正意味著醫療的徹底失敗，同時也可說是醫療的終結。而對於這項決定性的失敗，醫師卻必須將判定或宣告一事，視為自己的獨占性權利（或說是一種義務）。

總而言之，當前許多國家對於死亡的宣判，透過立法，視其為醫師獨占性的權利。同時為制定判定的相關基準，許多有關條件紛紛出現。

死亡的三大徵候

我們不妨想像一下電視劇的畫面。醫師為彌留的患者把脈，一陣沈默之後，醫師滿臉沈重地放開患者的脈搏。想必此時心臟已經停止了吧？接著，醫師取出小手電筒掀開患者的眼瞼，確定患者已經瞳孔放大之後，轉過身對著遺屬深深一鞠躬，喃喃自語道：「深表遺憾」。遺屬們號啕一聲，撲向稍前仍是丈夫或父親，而今已經成為遺骸的軀殼。此時，醫師拿出鏡子，貼在患者（或應說是遺骸）的口或鼻前，因為即使是些微的霧氣都可能是殘存氣息的象徵。

愛女克娣里雅遭刺客謀殺，奮力一搏，最後終於赤手空拳將刺客勒死之後，李爾不禁緊抱著愛女的遺骸狂呼：「快！鏡子，如果有霧氣，她就還活著，快讓我看！」、「啊！羽毛在動！還活著啊」。

由上述的例子可知，最傳統的死亡判定方法便是，必須同時確認三種徵候：心跳停止、呼吸停止、瞳孔放大。

在此有一點必須事先澄清。以上所提的三項徵候分別和心臟、肺臟、反射神經系統等特定的器官或是器官系統有關。但是，這些器官的功能停止是否就代表死亡，不言而喻，答案是否定的。此處所要強調的死是整體性的死亡現象，而上述的傳統判斷只不過是列舉出代表其「徵候」(symptoms)的三個項目而已。

象徵人類生命活動的有各種徵候群——包括飲食攝取行為、言語行為、性行為……等不勝枚舉，而傳統上只不過是列舉其中被認為最直接影響生命現象的器官功能，以作為死亡判定的標準。只是上述三項徵候如果同時成立，如此是否能確定，確實已經跨越先前所說的不可逆的一線呢？而前人因為怕遭受活埋的痛苦，要求入殮前砍下自己首級的事情是否可以完全避免呢？事實上，在上述三種生命現象都休止之後，復甦的可能性已經微乎其微。

據說國外曾有以下的判例，雖然首級離身，但是軀體內血液仍不斷自動脈噴出，這意味著心搏仍在跳動，因而認定這個人仍然「活著」。如此的解釋本身固然十分牽強，但是如果以夫妻雙方因意外事故身亡，根據某一方過世的先後，其遺書的效力將產生不同的結果的角度看來，仍有其不得已之處。另外如《東方夜快車謀殺案》中描述的情節般，對於同時遭多人殺害的謀殺案件，被害者在何時跨越了那不可逆的一線，據此決定多名加害者中誰是謀殺罪，而誰則應以損毀屍體的罪名起訴。就如同這些特殊案例般，雖然看似超乎常情，但是我們不可否認一般日常生活中難以想像的情形仍然很多。

我們一般常人世界中，可貴的生命被醫師草率地過度提早宣判死亡的情形也不乏其例，有時當然也會因而對醫師的能力提出質疑，但是卻很少去探討問題的本質。第六代掌門人（尾上菊五郎）看似毫無氣息地躺在床上，不知道是誰先開始牽動淚腺，霎時親人中響起一片啜泣聲，此時，六代掌門人開口道：「時辰未到」。這雖是傳說，但這種對於人的死亡過早下判定的情形，似乎有其雷同之處。

剔除少數法律上人為操作的因素之外（某些事實現象反倒比小說情節更匪夷所思，許多國家就曾有過上述各種奇妙的案例），以上述的三項徵候為死亡的認定基準，在作為處理整體性個人的生死上，應該不致發生本質上的問題。這主要是根據上述三項徵候為死亡認定時，復甦的可能性已經降至最低的程度，同時這種基準本身也最為一般社會、個人的常理所接受，並且和一般的利害關係吻合。

器官移植和腦死

這種普遍性的認知，直到最近腦死問題受到矚目之後，才開始發生動搖。這並非是必須透過法律或特別判例才能解決的特殊案例，而是就在我們的周遭，由於原有的利害關係失去一致性，或是已經開始發生利害衝突而導致的狀況。而腦死問題正是動搖這項既有認知的導火線。所謂的利害衝突，就器官移植而言，在於器官提供者（不言而喻，絕大多數都不是死者本身，而是瀕臨死亡者的關係人等）和器官接受者間所產生的問題。

對此，想必立刻會引發強烈的反彈吧（特別是積極主張器官移植或腦死認定的醫師和社會團體）！如此的問題設定不僅曖昧不明，同時本身就有問題。所謂腦死的概念最近相當發達，結果便取代了上述的心臟或呼吸器官死亡的判定（視其為更佳的指標）。所謂的腦死現象，原本就應該另立於器官移植問題之外，另行討論。但由於一般總將其混為一談，因此始終對腦死問題無法獲得正確的認識。

這種觀點，就表面而言應該是正確的吧！此外，腦死問題所要探討的應該是經腦死宣判的「身體」（遺體，或應該說是屍體），因此，不單是有需求的器官是否該取出的問題而已。例如，雖然經判定為腦死，但是透過人工設備，心搏和呼吸都仍持續時，何時、何日應該切掉維繫其生命（此處用生命一詞，或許有很多主張腦死認定者會感覺很不順耳吧！）的裝置，這項抉擇無關乎器官移植，其本身就是非常重要的論點。儘管最終仍將牽扯出許多利害衝突，但是這仍無損於這項論點的重要性。而所謂的利害衝突就是，腦死者佔用維繫生命的裝置，使得其他（未被認定為腦死，因此復甦的可能性相當大）的患者無法享用醫療福利。此外，由於人工裝置的幫助，仍然得以維繫心搏和呼吸，因此不願予以安葬，但是相對的，龐大的醫療費卻成為嚴重的經濟負擔，該名腦死患者的家屬不免會陷入現實與親情的掙扎之中。換句話說，腦部研究的發展，不僅使腦生理中不可逆的分界點得以撥雲見日，同時由於人工生命維繫裝置的開發與進步，使得腦死與是否摘取器官無關，形成獨立的問題焦點。

以上的論點應該是毋庸置疑。但是儘管如此明確地劃分其分界，不過筆者總感覺現在腦死問題，和器官移植仍然沒有完全獨立，其原因究竟何在呢？

原因之一是，事實上器官移植正是為腦死認定基準催生的主要動力。儘管所謂腦死的觀念是腦部研究發展的結果，是死亡判定的一項新指標，但是就現況而言，促使腦死必須取代傳統三項徵候，成為死亡鑑定新基準的壓力，主要來自於器官移植。一般社會對於死亡的綜合判斷，只要上述的三項徵候就游刃有餘。而之所以要牽強地更換成其他的基準，儘管臺面上不斷予以否認，但實際上其主要壓力是來自器官移植的需求，這已是不爭的事實。

如果在心臟死或呼吸死的認定基準之下，要自「屍體」中取出仍在跳動的心臟，或是持續運作的腎臟，可想而知的是，於理不合。所幸，心搏或呼吸停止運作之前，腦部結構已經跨越那不可逆的一線，而這正是由生至死，一個新的界定標的。因此，以腦死為界定基準便成為最佳的權宜之計。

依筆者個人的見解，腦死定義之所以被運用，其主要壓力便來自於此。對此，有幾項重點必須先予以釐清。第一，傳統上是採用心臟死和呼吸死的認定方法，而將腦死和心臟死列於同一層次並比較其優劣的行為，本身就不無可議之處。

在此重申先前的論點，腦死認定之前，傳統的三項判定基準，乍看之下似乎是器官死，但事實上絕非如此，這點十分值得注意。所謂的腦死，「腦之死」，事實上並不僅只代表「腦這項器官的死亡」。腦之死（跨越不可逆的一線）也意味著個人整體的「死亡」。正因為有如此的詮釋，因此才有以腦死為認定基準的主張。

但是，心搏停止、呼吸停止、瞳孔放大，這三種徵候理論，基本上是任何人都可一目了然——果真如此，為何將認定的權限完全交託給所謂專家的醫師，這點實在令人費解——透果這些徵候，人類「整體的死亡」可以獲得判定。相對於此，腦死的情況時，即使需要人工生命維繫系統的輔助，但是我們仍然可以清楚的辨識，有許多器官仍維持生命活動，這是無法抹煞的事實。

當然，經過三項徵候認定，已經宣判「死亡」的屍體身上，一個個的細胞，或一部器官——例如頭髮或體毛——其「生命活動」都會延續一段時期，如此說來，就本質而言應該和腦死別無二致。或許有人會據理反駁道：重視心臟死才是所謂的「器官醫學性」。因為，不可逆的過程在腦部進行，就人格而言也可說是完全處於「死」的狀態，如果過於拘泥心臟或呼吸系統殘存的生命跡象，這反倒成了「器官醫學性」的思考模式。

唄孝一教授曾經提出α期理論。根據這項理論，自出現腦死現象開始，歷經心臟停止(呼吸、反射)到死亡的這段過程稱之為α期，唄孝一呼籲應該審慎因應，並應視為一項義務。換句話說，他希望透過灰色地帶(grey zone)的營造，對死亡現象的掌握，由點變成線，這種觀點非常值得深思。之後唄孝一教授本身表示對此論點不甚滿意，因此全面加以凍結。其實只是探討這項理論的是是非非，對於提案者並不公平，但是若將這理論視為理所當然的前提，過度強調，這才是值得憂慮的。

換句話說，α期理論的立論前提是「腦死在心臟死之前」。同時對此前提無人提出質疑。但是假設事實正好相反，也就是說，是心臟先出現死亡現象，然後才有腦死，果真如此，則現在參與腦死促進論、積極論者想必對腦死問題不會再如此熱中。因為，在綜合性死亡之前，腦這項局部器官所出現不可逆的變化，就是這些人士判定死亡的依據。如果基於此觀點，那麼先前所提的反論便不成立。

不管怎麼說，以形式看來，在心臟死或透過三種徵候而成立的綜合性死亡之前，想要經由一項器官的死亡，作為死亡的判斷基準，這便是現在腦死論的核心所在。

醫師功能的轉換

簡單地回顧一下腦死的判定基準之成立經過將有助於觀點的釐清。腦死究竟是以何為認定基準呢？

腦死基準的各種相關提案中，最重要的首推哈佛提案。這項提案首先出現於一九六八年哈佛大學成立的「腦死定義臨時委員會」。提案中指出，腦死必須符合以下四項條件，一、對於外在的痛覺刺激完全沒有反應。二、完全沒有自發性的運動或呼吸現象。三、瞳孔對光沒有反應，完全保持張開狀態，沒有反射作用。四、腦波成平線。上述狀況經診斷二十四小時之後，必須再度確認。此外，如果是神經功能控制劑使用期間，或是處於特別低溫狀態時，上述條件則不適用於腦死的認定。

上述的哈佛提案曾引發種種批判，之後也出現其他各種方案。總之，其根本的構思應可說是腦死判定的開端。

由上述的發展過程之中，可發現幾項有趣的論點。第一、上述的第三項條件，即瞳孔無法對光反應、瞳孔放大，這和傳統的判定基準之一完全吻合，由此可以得到一個啟示，「腦死」的觀念，並非所謂「科學性」的劃時代發現，而是舊酒新瓶，仍然是以傳統的「徵候」(symptoms)，也就是以宏觀現象為主要依據。那麼這和傳統的判斷基準有何差異呢？總結來說，傳統的死亡認定，為能確定全身確實呈現總括性的死亡現象，因而提出三項「徵候」。相對於此，腦死認定中，就如字面意義般，只是列舉腦這項器官的死亡「徵候」。稍前提到腦死是基於器官醫學性觀點的主張，其主要論據便來自於此。

或許有人會立即提出反駁道：最少第四項，也就是腦波的判斷，並非只是以宏觀現象（徵候）作為腦死的推斷，應可說是更直接、更合乎科學的判斷基準。

就如前文所述，傳統的死亡認定基準，就某種意義而言，其徵候是任何人都能一目了然的。心搏停止、呼吸停止、瞳孔放大（停止反射），舉凡任何一項因素，無須勞煩專家，即便是外行人也能輕易辨識。而且，筆者認為，這項判斷之所以為號稱專家的醫師所獨占，原因之一就是先前所提到的「矛盾」因素。

換句話說，極力挽救患者性命，即使一分一秒，盡其可能企圖延緩死亡降臨，這是醫師的基本使命，而患者的死亡，無疑是對醫師的失敗宣判。因此，對於這些任何人都能輕易辨識的徵候，醫師總是堅持到最後，直到最終決定性的時刻，他才會捨棄一切利害關係，作下判斷。

如此的說明應該有助於理解，死亡宣判工作為何會由醫師專屬的現象。因為所謂醫師的從業人員，基於他們的醫療職責，不到最後關頭，不在絕對的確認之下，絕不會輕易宣判他人的死亡。就在這種前提之下，人們才會將死亡的宣判全權交給醫師。而器官移植本身卻對這項前提產生決定性的動搖，也就是說，醫師不再是最期盼人類死亡的到來能夠延續到最後一刻的人。更直接了當地說，某些情況下，甚且在一般認知的死亡徵候出現之前，便宣告患者的死亡，以便及早拿出新鮮的器官。在此情況下不免會問題叢生。

擔任器官移植手術的醫師不得參與腦死的宣判，這是一般的通則，同時一般也將其納入腦死宣判的附加條件中，這固然是理所當然的現象，但是這種現象不正強而有力的說明了事情的本質嗎？就醫療殿堂之外的人看來，不論是負責器官移植的醫師，或是腦死宣判的醫師，總都還是醫師，果真如此，將死亡的宣判權交給所謂醫師的專門性職業團體，必然會得到負面的結果。因為，在門外漢眼中，醫師都是一鼻孔出氣的。

取出新鮮的器官，其最終目的當然是為延續另一個生命，但是這仍舊無法為腦死問題的爭議劃下句點。因為這種行為無異是將兩個生命放在天秤上衡量，而這種將兩個生命放在天秤上衡量的例子，除器官移植之外還不乏其例。例如，產婦和即將出生的胎兒，兩者的生命孰輕孰重？只有一個人工生命維繫裝置的情況下，卻同時出現兩位緊急患者……。但是器官移植情況的特殊性是，有心人士想藉由兩個生命的權衡，企圖及早將死亡認定基準加諸於較早的一方，對於該患者的性命（至少是將其可能的存活率），極力地想自決定性的最終時刻提早加以剝奪。而且更重要的是，這促使了人們對醫師開始重新定位，認為所謂醫師這門行業或醫師特質就在於從事上述的工作。

最重要的是，不論是哈佛提案，或是其他相關提案，乃至經美國立法採行的方案，無論何者，都是希望採取最審慎的態度來處理腦波問題。換句話說，各界幾乎一致認為，腦波呈水平狀態仍不能成為腦死認定的決定性依據。（一九七一年發布的明尼蘇達方案中，將腦波的條件排除在外，而德國基準中，也認為腦波只不過居於輔助性作用）。

由此看來，腦波因素在腦死鑑定中所占的比重並不高。

在此另外補充一項新的論點。以上的說明主要在於強調，和傳統認定死亡的三種徵候比較之下，腦死便是將那「不可逆之點」向前移動。但這是否表示，腦死認定是將那不可逆之點設定在傳統方式無法確認的時點上呢？就「某種意義」而言，並非如此。

這裡所謂的「某種意義」含意如下：若要問所謂傳統的死亡認定基準，是否是先出現腦死現象，經過一段時間後，才呈現一般傳統觀念中死亡的徵候，這種觀念大致上是錯誤的。原因是，所謂的腦死，是人工生命維繫裝置開發完成之後才形成的概念。也就是說，在人工生命維繫裝置問世之前，人們直接面臨的是心臟死，而沒有所謂的腦死。換句話說，由於人工生命維繫裝置（事實上，如果承認「腦死」的事實，腦死認定之後所採用的裝置便不能稱之為生命維繫裝置）的運用，才能繼腦死之後，延緩心臟死（如果會出現的話）的到來。腦死是人工生命維繫裝置誕生之後，才形成的狀態，為表公平，這點需要特別強調。

但是以上的闡明是否有助上述爭議的解決呢？顯然並非如此。生命維繫裝置，望文生義，其目的在於儘可能延續性命，而不是希望將死亡的時點，由傳統認定基準加以提早，希望透過死亡認定基準的成立，藉此以取得新鮮的器官。生命維繫裝置可說是將死亡前的時間更詳細地加以區劃。這詳細區劃的時間中，對於傳統性死亡到來之前的相對性時間，具有延緩的功效，同時在此期間，也可盡最大努力，不斷探索如何避免那不可逆之點的到來。

關於腦死認定基準另有一項關鍵因素。那便是哈佛提案的第二項基準——缺乏自發性呼吸。若要確定是否有自發性呼吸，則勢必要拔除人工生命維繫裝置。事實上，包括哈佛提案在內，一般對於應該拔除五分鐘或是三分鐘以便確認，都有一定的時間規定。同時再經過二十四小時之後再度確認，之間如果完全沒有自發性呼吸的徵候時，便可以正式確認死亡。諸如這類的手續，國外都有明令規定，以確立腦死認定基準。

而其中又涉及「切斷開關」的問題。對於仰賴人工生命維繫系統的患者，何時才是最終宣告放棄的時刻，這便是問題的核心，因為，拔除人工生命維繫系統的這項措施（即使只是幾分鐘），將對患者形成何種影響，至今仍沒有任何醫師可以百分之百的預測。

不僅如此，隨之而來的問題，與其說是理論面，不如說是實際運作上的問題。只要腦死問題在法律上落實，可想而知，無視於人工生命裝置之運用的案例將會出現。例如，因車禍受傷的患者，符合上述四項條件時（沒有人工生命維繫裝置下，無法自行呼吸），據此便判定其為腦死。假設已經基於哈佛提案，完成立法，這種判定也只能說是法律的擴張性詮釋，而就法律的運用層面而言（就如今日日本軍備所呈現的景象），這種程度的擴張性詮釋仍然在容許範圍之內。

由以上觀點看來，腦死可說是過去人們臨終前必定會經歷的一個過程，之後才是傳統觀念中的死亡（心臟死）的到來。也因此，腦死的階段便摘取其器官，便意味著在過去認為尚未死亡的時點（或許該患者仍未到達不可逆的時點），就將瀕臨死亡的人予以「殺害」也不無可能。對此觀點或許大家未必全然同意，但是儘管如此，也未必就能因此認為，應該採用腦死以取代傳統的「心臟死」。

同時，「血管造影法」也被視為腦死認定基準之一，而且重要性日益提升。其所能提供的資訊的確高於單純的徵候判斷，但是這項檢驗法本身也未必沒有問題（例如，進行中往往需要拔除生命維繫裝置）。

疾病和零件故障

前文似乎有些雜亂無章，筆者主要乃針對腦死相關的幾項重要觀點，嘗試略做探討。或許筆者的敘述消極色彩很濃，對此本身也嘗試重新檢討，但是筆者仍要強調的是，至少有兩項觀點可以支持筆者的主張。論點之一是，有兩層意思可以說明腦死是屬於「器官醫學」性質，另一論點則是，腦死已促使醫師定位產生改變。

首先由第一項開始探討。腦死是源自於「器官醫學」的構想，其根據究竟何在？如前文說明，將整體性的死亡界定在腦部實質性活動的停止，因而將焦點集中在所謂腦的這項器官上（或許有關人士並不認為腦是一種器官），基於此觀點而認為腦死屬於「器官醫學」。此外，由於腦死認定可以促使器官移植的實現，或說是促使移植作業更容易落實，因而稱之為「器官醫學」。

那麼，為何筆者會認為「器官醫學」具有負面意義呢？對此當然必須加以說明。在前言中便曾經提到，今天的醫學界日趨專業化，循環系統科專家、心臟科專家、僧帽瓣專家……等，在此情況下，雖然各專家對其專門領域具有十足的知識與技術，但是只要超出其專門領域就不免令人憂心。尤其是在大醫院，這種現象經常可見，而這便是筆者指稱的「器官醫學」的意義所在。

當然，話雖如此，但這種現象也未必需要全面予以否定。不如說，這便是大醫院的特質，而和必須能夠綜合診斷並治療的家庭醫師之間，兩者的分工程度越來越細。而這種趨勢對今日的醫療而言，可說是必然的結果。

上述觀點應該是言之有理吧！但是，雖然是表象的呈現，但未必表示其中沒有問題存在。假設患者由於病因不明，因而由家庭醫師轉診大醫院，結果將產生何種結果呢？各項（認為是有關聯者）或說是各特定零件（？）的專家紛紛趕至，彷彿趕廟會一樣，針對各自認為需要的項目，進行檢查，這些醫師的特徵之一是，對於旁人所作的檢查，往往置若罔聞。越是所謂有良心的醫師，更是在慎重其事的名義下，會擴大對自己存疑部分的檢查。如此一來，包括重複受檢的項目在內，患者日夜備受檢查之苦，而如此繁複的檢查，未必就能達到萬無一失。

在器官專科醫師的眼裡，或意識上，關心的焦點只在於標的器官是否故障。至於患者是一個血肉之軀，或是一個「承受苦難」的人，這項認知往往被拋諸腦後。人類是「綜合性」的個體，這已是老生常談，但是這觀念本身又何嘗真正為人所理解？

例如，五感一詞，一般解釋為視覺、聽覺……等分別單獨來自於外在的刺激。但是果真如此嗎？當我們的視線停留在紅磚牆上時，我們看到的不僅是色彩，同時也是皮膚受到摩擦那種刺痛的影像。電話一端傳來戀人的聲音時，她的音容笑貌歷歷在目。換句話說，我們動員了所謂語言的「感覺系統」。語言可以視為一種「感覺」，這未必不能理解。透過語言系統產生視覺，或產生聽覺，我們確實可說具有語言感覺系統。

基於這層意義，人類可說是一個感覺體，同時也是具有詮釋能力的個體，又可說是一個行動體。而這便是人類整體的存在模式。

果真如此，身為患者的人類，其所承受的痛苦其實是遍及全身的。因此，過去希臘語中稱「疾病」為「pathema」，意即「承受痛苦」，所表達的正是這種意思。

假設某人罹患心臟病，而雖然「承受痛苦」的直接原因在於心臟的疾病，但是事實上，真正「受苦的」是他的「感覺體」全部，「詮釋體」全部，同時也是「行動體」全部。同理可知，為何人們對於某些遣詞用字，其「感覺」、「詮釋」、「行動」會超乎常態模式。

疾病表示的應該是「身體」的異常。但是器官醫學性的醫師，往往無法察覺這些「身體」的異常狀態。因此只是針對疾病作綜合診斷，從中找尋解決辦法。同時也絲毫沒有察覺，一句無心之言將會添增患者多少痛苦，當然診斷上也難免失之偏頗。

器官專科醫師只要能夠駕馭他們的專業知識和技術，剷除器官的障礙，排除痛苦的根源，不就是功德圓滿嗎？至於這些末節何須掛意。這便是現代人的普偏觀念。對此筆者也無法完全予以否決，但是，由此不正可以說明，現在的一般大眾都具有「器官醫學」的傾向嗎？

物質的「科學」和醫學

走筆至此，筆者不覺發現，所謂器官醫學的概念，其實是可由科學性醫學的層面來理解的。此處所謂「科學性」的概念如下：

近代西歐哲學肇始於笛卡爾，如此的說法想必不會引起強烈的反駁吧？或許單就此處所強調的重點來說，不須談到笛卡爾，伽利略應該也具有同等意義。伽利略認為，世間所有的現象雖然呈現多元性，但是其實都可以還原為形狀、大小、運動等少數幾種性質來解釋。他認為物體所擁有的感覺性物質（色、香、味等）「只不過是寄存於感覺主體之中，感覺主體一旦消失，這些性質也會隨之消逝」，而形狀、運動才是物質的「第一物性」。關於這點，它和稍後的J・陸克(J. Locke)對於「第一物性」、「第二物性」的定義形成對應關係。然而有趣的是，這種觀念和傳統經院(schloa)學中所謂的「第一物性」一詞本質上正好相反。傳統中的「第一物性」指的是感覺性的物質。物體訴諸人類感覺的性質，便稱之為「第一物性」。這便是由人類的立場，以掌握人和物體間的關係。而伽利略將形狀或運動稱之為「第一物性」，使人類（感覺主體）的角色消失，完全凸顯物質本身的立場。根據伽利略的解釋，對物質而言，色、香、味都是其次，而形狀、大小、運動等才是印證物質本身存在的要素，因此屬於第一次元。

伽利略這項論點，和笛卡爾一切始於延長和運動的哲學不謀而合。笛卡爾和伽利略隔著阿爾卑斯山遙遙相對，兩人同是天主教世界的代表性學者，並深自期許，但彼此間卻決談不上相知相惜，尤其是笛卡爾視伽利略為勁敵，多所批判（伽利略基於年長的包容力，態度較為保留）。但是至少兩人在這項論點上，可謂殊途同歸。

而上述「第一物性」觀念的轉換，應可說是決定往後「科學」命運的關鍵所在。十七世紀形成兩項基本共識，第一，和物質本身相比，人類感官的認知只是其次，第二，唯有根據物質的「第一物性」來記述自然才符合科學的本質。這項根本觀念的轉換對於日後科學發展具有很大的意義。

笛卡爾認為所有的生物現象都可以透過第一物性──「延長」和運動來描述。對笛卡爾而言，唯有物質本身和物質的運動才是一切的根本。也唯有這兩項要素才是神在創造宇宙時，賜予自然界最基本的條件。因此，在笛卡爾的觀點中，物質和運動是永恆不滅的。假設運動中的物體撞擊到靜止的物體，結果運動中的物體停止，而相對的，停止中的物體開始運動，此時，原先運動中的物體，其「運動」本身原封不動的轉到原先靜止的物體上。而假設，雖然動、靜兩物體相撞，原本靜態的物體依然不動，而運動體本身也卻因撞擊而停止不動，換句話說，乍看之下「運動」似乎呈衰減，甚而消滅的現象，其實此時「運動」本身並沒有消滅，而是被細部分割，滲透進被撞擊的靜止物體上，進而保存在該物體中。有趣的是，這套物質和運動不滅的觀點確實在二〇〇年間影響了「能源永存」的概念。而另一方面，如果物質和運動真如笛卡爾所言，是永存不滅的話，表示世界將會永續不斷，那麼，基督教教義所說的「世界末日」又如何會到來呢?因此，當時不免引發了對笛卡爾的批判。

話說回頭，就在笛卡爾的這項觀念問世之後，生物現象可透過物質以語彙來描述的觀念日漸獲得一般認可，「科學」本身也逐漸形成一個獨立的領域。而所謂的科學，就是以物質的觀念談論自然現象的學說。這項觀念雖然一直到十九世紀才真正成為科學的基礎，但是自十八世紀以來歐洲的一部分知識份子確實已經朝著這個方向不斷努力。

當然，透過語言談論物質的學問本身絕對不會有「痛苦」的存在。如果生物體出現異常的話，這項異常只要是出現在科學的領域，就決不會以「痛苦」的語彙來予以描述。因此，在科學的整體邏輯概念中，患者是「受苦的人」、「承受苦難的人」的觀念是不存在的。因此科學一旦涉入醫學領域（或許應該說是醫學涉入科學領域）時，醫學流為「器官醫學」也是非常自然的現象。因為，如果語言解釋物質界運動的方法要適用於人類身上的話，唯一的方法就是將物質的整體予以細分，如此才能夠做物質性的細部描述。

科學概念中的「死」

對科學而言，「死」為何物？換句話說，在描述物質系列的活動時，究竟是否會有「死」這項概念的存在呢？再進一步說，敘述物質的語彙當中，是否涵蓋了「死」？

其實答案是顯而易見的。根據既有的科學定義：記述具有形狀、大小的物質運動之種種現象，於此前提下形成的知識體系便是所謂的科學。既然如此，「死」本身自然不可能存在於科學領域。

假設已經將具有形狀、大小的物質活動完全予以記述，而如此的記錄之中是否能夠找到一個界點，可以明確的區分活動前後之間的根本差異呢？

這和前述的笛卡爾批判非常類似。自然現象如果是在記述具有形態、大小物質的活動，那麼每一個物質單位的活動，應該是永無止歇（或是半永恆）的，而物質單位的物質性階層活動本身，無法由質將其一分為二，找到所謂不可逆的界點。由物質和運動間相互依存的關係，衍生出世界永存的主張，而生到死的轉換也是別無例外，能夠永存。

個體「死亡」後，其構成個體的物質便開始分解，並組成其他的成份，而這種過程也不例外的，就是這永恆不變的「物質活動」，也就是只是一種萬物的流轉現象而已。

由此觀點看來，顯然在物質層次中，死是不存在的概念。所謂的死，是針對某種物質現象，我們所賦予的宏觀概念，或說是綜合性概念。如果根據伽利略學派的說法，以物質的層次出發時，根本就不存在所謂「死」。

對此我們可再從兩個角度來探討。第一，從A狀態改變成B狀態，對於物質體系而言，這只是由A轉換成B的一種變化過程，而無法說，其間發生了所謂「死」的特殊狀態。第二，由A到B的物質轉換現象，這是否能對應於，我們通常所慣稱的「死」，也就是一種不可逆的變化，顯然這個觀點已經很模糊。

以第一個角度而言，所謂「死」的概念，根據伽利略的理論，這屬於感覺主體的概念，可以說是一種人為化的概念。而第二個角度中的「死」，指的並非微觀的物質變化過程，而是較大視野之下所獲得的綜合性概念。

如此說來，我們應該可以獲得如下的結論。既然死是人為的概念，因此死應該是單純人類的問題，而同時又因為是屬於宏觀而綜合性的概念，因此，笛卡爾的科學性概念是無法介入的。

就如前述般，腦死屬於一種器官醫學。同時，我們也可以說器官醫學的根本出發點在於「科學」。不過雖說是腦死，也就是腦的死亡，但這純粹只是一種物質性的過程，而物質過程本身並不存在所謂不可逆轉的物質性變化。因此，不論任何一個階段，這都只是一個自然的物質變化過程。所以，為了進一步確認所謂的「腦死」現象，必須就「腦」的物質過程，更詳細的了解其微觀結構。但是無論腦部的物質因素多麼明確，這也並不表示死亡與否的分岔點已經獲得釐清。總而言之，以腦的死作為死亡的判斷依據，也就是說，在某種過程之中，去找出一個「質性變化」，這只是人為的把戲。或許也可以說，正因為先發生宏觀而且功能性的變化（例如自然呼吸現象的消失），因此就在微觀的過程當中，由人為的作業找出一個可以對應的分岔點，並以此界定為腦的死亡。

這點就傳統上認定全身死亡的三種徵候而言，也是完全一樣。或許至少可說，其本質性結構是不變的。

但是就規模來說，兩者間卻出現極大的差異。以傳統的三種判定死亡的徵候而言，就如稍前介紹過一般，是就一個「感覺體」、一個「詮釋體」、一個「行動體」的立場，以整體性、綜合性的觀點，所下的「死亡」判定。相對於此，腦死之說則只是以腦一個器官，由所謂整體性、綜合性的觀點為「死亡」下界定，雖然最終結果一樣，但是兩者間規模差異十分明顯。

以下簡單地探討一下，腦死對於醫師形象的改變。

前一節中曾經提到一般的腦死判定基準中，都將以下的條件納入，也就是藉關閉生命維繫裝置幾分鐘，以確定是否有自然呼吸的徵候。生命維繫裝置原是為維繫人命而開發，而今卻又成為死亡判定不可或缺的設備，這真是非常諷刺的現象。但是如果我們明白，是先有生命維繫裝置的出現，才有腦死觀念的形成，想必就會了解這種諷刺現象原是一種必然的結果。只是在前面的論點中也曾談到，以醫師的職業使命而言，死亡宣判應該是醫師最後不得已的選擇。套用英文的說法是，不管是刻意或無心之失而提早判定他人的死亡，醫師永遠都是最後做此決定的人。這是長久以來人們對醫師一種無形的信賴感。但是腦死卻顛覆了人們的這份信賴感。

也因此人們對於生命維繫裝置的普遍認知變成，它已經不再是為延續人類生命而存在，而是為了在綜合性死亡判斷之前，提早死亡判斷的一種「促死」裝置，或說是一種「器官維繫裝置」。原本是為維繫生命而設的裝置，如今卻成為促使人類提早死亡的道具，因此明顯的對醫師或醫療行為形成一種不信任的印象。

人與人之間的信賴感一旦動搖，要重新建立自然倍加困難。因此較穩當的做法應該是對腦死問題採取較審慎而消極的態度。

腦死問題的省思

腦死問題可由幾個層面來探討。傳統的死亡認定依據就是心跳停止、呼吸止息、瞳孔放大，這三項特徵經確認後便宣告患者死亡。而今，雖然在某種狀況下，腦部出現不可逆轉的變化，然而卻在機械（稱之為生命維繫裝置）的助力下，得以持續心跳和呼吸的功能。此時儘管心在跳、呼吸繼續、仍有體溫，並且有其他的「生物體」反應，但是只要拔除機械，一切的生命現象都將中止，因此在此種狀態下已經可視其為死亡，這便是腦死的基本概念。

那麼，雖然自古即有一套公認的死亡認定基準，而今為何有部分人士主張要以腦死取代呢?其中大致可歸納成二大理由。首先便是器官移植因素。腦死狀態下，血液仍能循環到各個器官，因此這些器官仍然是「活的」。對於器官移植而言，「活的」良好器官是不可獲缺的要件，而只要將腦死認定為死亡，便可從化為「屍體」的對象身上堂而皇之地摘取「活的」器官，以供移植之用。如果等候傳統的死亡宣判，便無法取得新鮮的器官。

而另一項理由是有關「生命品質」（quality of life，取其英文字首，也可稱之為ＱＯＬ）。

腦死狀態下，「活的」現象是否真的是活著？醫院的加護病房中，身體各處掛滿導管或線路，完全仰賴機械的助力，儘管就生物學觀點來說仍屬於「活的」狀態，但是當事人本身真會對此感到滿意嗎？當患者陷入這種狀態時早已經失去意識（至少外在觀察是如此），因此若要問當事人是否滿意，根本就是無稽之談。但是形式上的「生」，是否能和期待的「生命品質」畫上等號呢？而這項因素涉及醫療過剩的問題，因此對我們形成更大的挑戰。

上述兩項理由不論是特質或層次都不同，因此無法相提並論。第一個問題中，如果一旦採用腦死認定，許多奇妙的現象便會接踵而至。照顧患者既然是醫師的職責，當然應該善盡責任，以確保他的生命，而「生命維繫裝置」就是醫師為努力達成任務的手段之一。但是醫師一旦承認腦死觀念，瞬時之間（即使外在觀察毫無差異），該名「患者」便不再是「患者」，而是「屍體」，而裝置在「屍體」上的機械也只是單純的「器官維繫裝置」，而不再具有「生命維繫」的意義。而機械只為維繫器官的「新鮮和健康」，因此功能上形同冰箱。這種轉變，不僅是周遭的親屬或關係人等，包括醫師本身在內，應該都是十分費解的現象。

或許有人要說，在探討腦死可行與否的過程中，等候器官移植的患者，可能因等候不及而喪命。然而，只要進行器官移植便有人能「得救」的說法，難道不是腦死論積極派過度的渲染嗎？讓患者或其家屬懷抱這種希望，這是多麼殘酷而又沈重的負擔呢！其間的問題很值得我們深思。

第二項完全在於個人價值觀的問題。原來「死」本身，應該是最個人化的問題，但是今天卻擴展為一種社會性現象。面對家族或至親的「死」，人們通常需要相當的時間才能接受。而這種個人的哀痛，如今卻以已經過社會認可為由，要求個人的價值觀必須接受法律的約制，甚且要使它適用於社會整體的「死亡」定義，這種做法顯然非常牽強。

尤其是日本社會中，一旦納入社會模式，並經法律規範，無形之中便會形成一股強而有力的約制力量，促使社會的成員都採取同樣的行動。正因為如此，基於個人的價值觀，採行不同的判斷或行動的可能性將變得更微渺，因此，決策之際豈能不更審慎？

當然，我也不是因此全面否定腦死認定的意義。有關上述第二項問題，只要致力於個人價值觀的尊重，即使不將腦死納入法律規範，問題也一樣能夠解決，而事實上也已經有此傾向。如此一來，不也可逐漸帶動器官捐贈的發展，而前述的第一項問題也可因而解決。具體地說，如果個人的意願事前就很明確，而也確認其家人尊重這項意願，便可拒絕「過剩」的醫療措施。同時，和醫療浪費與否無關，只要本人有此意願，器官捐贈也不無可能。如果社會能夠有此共識，我認為這對於器官捐贈將是最理想的結果。

恕我坦率的重述，對於器官移植絕不可抱持過度的期望。即使成功，以現況來說，往往也只是使各種痛苦略為延長而已，而這只是一種僥倖的作法。這就彷彿在個人的強烈意志和大愛之下，上蒼垂憐自天國放下的一條蜘蛛絲般，其實希望是非常微渺的。而器官移植醫療就是架構在此之上。

II

愛滋病和人權

愛滋病和人權

前言

首先要澄清的是，筆者並非法律專家，因此本章論點並不代表任何法學立場。筆者的立論依據是：第一，以歷史學者的身份，在回顧過去的歷史中，對於疾病和社會的關係產生某種程度的關心和興趣。第二，以一介個人的身份，或說以將來不無可能成為愛滋病患者的身份，對此問題寄與關心。本章便由這兩個論據立場架構而成。

目前科學研究領域呈現「區隔」化的趨勢越趨明顯。在各區分內部發生的事態，局外人完全沒有置喙的餘地。這不僅是因為各區分內部的知識過於專業化，局外人缺乏了解個中緣由的基本能力，因而被排除在外，更真切的說應該是由於各區分的結構本身就具有自我處理和自我繁殖的能力，同時排他功能也相當完備。

但是，隨著DNA重組技術的開發，新的研究體制反倒和目前逐漸趨於「區隔」化的現象背道而馳。事實證明這種新趨勢對於研究者的意識和社會制度兩個層面所形成的區隔化現象，具有極大的摧毀力量。生物倫理學(Bioethics)便是透過開會和由美國總統的特別諮詢委員會制定基本方針等程序而推展。整個研議過程中廣泛延攬哲學家、法律專家、新聞從業人員等分子生物學堂奧之外的專家學者共同參與。除此之外，研究機構內成立負責實際研究審核、查定工作的委員會，在成立制度之初便規定，必須將「圈外人」（一般的民眾也包含在內）納入成員之內。凡此種種都反應現在的這種趨勢。

由此看來，今天不隸屬於科學研究專業領域的所謂圈外人，對領域內部發生的種種狀況開始可以參與意見。這與其說是權利，不如說是一種義務，而這項趨勢也逐漸為人所認同。而且，專業領域內部的成員對於如此的建言，也不能再以外行人為藉口，加以漠視或拒絕。

尤其是對於愛滋病，就如筆者再三撰述一樣，在強調其「性病」的特質之餘，我們必須承認這是全體人類所面臨的最新課題。因此即使不是法學專家，也不是醫學專業人員，雖只是一介個人的意見，也未必毫無可取之處，這正是筆者撰述本文的用意。

疾病和人權

目前為止，疾病和人權的話題最引起爭論的，應該是精神病患者的人權問題吧？過去，精神病患者不論是其個人或是和社會間的關係，總是持續受到嚴重的人權迫害，這不僅是日本，想必各先進國家也無可倖免吧？一些有識之士發現一個事實，那就是許多原始民族，其精神分裂症發病的案例十分少見。毫無疑問的，精神病的病因之一是來自周遭的環境——包括自然環境和人文環境。沒有現代社會中複雜的人際關係，也沒有環境壓力，使原始民族免於罹患精神病。不僅如此，更重要的是他們不將「異常」本身視為「負面因素」，具體而言，就是不以「否定」、「拒絕」或「忽視」的態度處置，反倒是尊重這種人為巫師。在這種社會環境之下，應該也是防止病情惡化的主要原因吧？當然我們也無法否認，未必所有的「異常」患者都有上述的際遇，反而可能遭遇更嚴重的人權迫害，甚且會被抹煞其生存價值。

因此，不管承認與否，人權問題總和「先進國家」脫離不了關係，各位對此觀點應該可以認同吧？或許我們可以說，就像精神病經常是先進國家特有的疾病一樣，精神病患和人權問題也是先進國家特有的課題。回顧過去的歷史，大多只注意到一般人的人權是否受到威脅，而對於精神病患者的人權問題最近才開始受到注意。而經由對精神病患者人權問題的省思，也促使人們注意到一般病人也有人權這個抽象問題。事實顯示，除了漠不關心的看護之外，如果沒有採行其他有效措施，這反而會造成對病患人權的傷害。人們生病時，擁有接受適當治療、追求自我健康的權利，而我們不得不指出，患者的這種「人權」顯然已經受到侵害。

不過這種負面現象畢竟是過渡期，因此，當然也不能因為過度著重一般患者的人權，而疏忽了對精神病患者的人權尊重。

只是，精神病患者的人權問題，之所以難以解決的最大問題之一是，今日在討論所謂病患和人權的狀況時，又涉及了另一項重要的論點，那便是病患的自我決定權。這項觀點在日本的接受程度如何，仍然有待今後的觀察，但是就全球趨勢而言，患者的自我決定權確實已經被視為人權之一，而且正快速的普及當中。就如上述般，透過適當的醫療以滿足自我的健康追求，這當然也是患者的權利之一。相對的，對於患者不願接受醫療服務的意願也必須予以尊重，這便是患者人權的一種新趨勢。當然，近代的經濟原理是引發醫療過剩批判的原因之一，此外，只求生命的延續，絲毫沒有生活品質的醫療措施，無疑也是對人權的一種侵害。這種西歐風味相當濃厚的人權觀、價值觀也是促使人們對患者人權重新考量的主要因素。事實上已有許多西歐國家開始發展患者人權的相關措施。例如，所謂的informed consent就是醫師必須針對患者的病情和治療的可能性等，充分給予說明，同時治療方法也必須取得患者的認同。這種觀念在西歐國家已經日益普及，並且也樹立了informed inconsent（患者不同意醫師的醫療建議）的觀念。

過度依賴醫師的所謂「溫情主義」(paternalism)經常為人所詬病，其實這未必完全由醫師主導而成。以日本的現況而言，有時也是患者刻意或不經意的要求之下才導致這種現象的產生。就日本整體文化的特徵來看，患者即使享有自我決定權，也就是在醫師充分的說明之下，患者本身可以自行決定醫療過程，但是他們仍然會認為在「溫情主義」下，聽候事態的發展較為穩當。日本的「溫情主義」，尤其是在醫療領域中，同時也是一種「威權主義」，這和一貫的「撒嬌」彷彿是一體兩面，形成了日本文化的特質。

事實上日本社會基本特徵和稍後要進一步探討的人權問題，乃至人權和愛滋病的關係間應該息息相關。總而言之，在探討精神病患的人權問題時，之所以要特別提出患者的自我決定權，主要是由於精神病患不僅沒有患病的自我意識，同時對於自我決定權背後的前提條件，也就是患者必須在接受充分的說明之後下決斷一事，不具有正常而合理的理解與判斷能力。

因此，在廣泛的醫療與人權問題中，精神病患的人權問題可說是最迫切的課題，同時也是在該領域當中，最具時代意義的一環。但是就患者自我決定權這項課題而言，就如上述一般，至少表面上是矛盾的，因此本章暫且不將其列入探討。

總之，可想而知，醫療和人權間的關係今後將更形複雜，而毫無疑問的，愛滋病就是促使其複雜的主要因素。

愛滋病和人權

回顧過去的歷史可以發現，所謂醫療和人權的概念，隨著時代和社會的變遷不時在嬗遞。包括人權觀念相當先進的西歐國家在內，也是遲至近二〇〇年間才開始給予精神病患某種程度的照顧。之所以說始於二〇〇年前左右，主要是以著名的P．比內耳（Pinel，一七四五～一八二六，法國精神病學者）的研究為分水嶺。但是以比內耳的成就來說，也只不過是將收容在「醫院」中的患者，使其由原本手鐐加腳銬儼然動物般生活，獲得改善而已。M．佛勒在他《發狂的歷史》中指出，由所謂瘋子的身上，我們能看到的不僅是他們超乎常人的舉止，同時也可以察覺到潛藏在「一般」正常人身上的人類特質。此書對精神病患提出更積極的觀察角度，是一部非常重要的著作。而這本書問世以來，至今只不過二十五年左右的光景。而甘迺迪總統將美國精神病患的醫療現況，視為一種恥辱，並作自我告白，也正是在此時。之後隨著引發各界爭議的卡連事件的發生，以及醫療技術的「進步」，醫療和人權間的問題也開始有長足的發展。就在此情勢下，愛滋病適時出現。這對於發展快速的人權意識而言，無疑是一個非常好的考驗機會。儘管美國人權意識非常高漲，同時在醫療領域的人權尊重也極為突出，但是對於愛滋病的因應，事實證明仍無法如預期般順利。如護士拒絕給予患者照顧，病童被拒絕於校門之外，同性戀者受到嚴重的差別待遇。口對口人工呼吸是分秒必爭的緊急措施，但是救難人員拒絕將自己的嘴巴貼在患者或傷者的嘴巴上。凡此問題的層次，都應該在精神病患者的人權問題，以及自我決定權之先。愛滋病一舉便將現代社會，倒推入另一個世界。這些問題都仍存在美國，但同時也在摸索因應之道。

對愛滋病患者而言，至少仍存在兩項重要的問題。首先，醫療方法尚未確立，而預後(治癒結果的預測)情況也不甚理想，甚且遠不如癌症，這不啻是愛滋病患者面臨的最大問題。第二個問題是，患者所處的社會環境。美國一位愛滋病患者曾經說過，他們遠不如罹癌死亡，因為癌症患者還可以期待周遭給予同情，以及精神、物質的鼓勵。而愛滋就如同「惡性傳染病」一樣，受人唾棄，最後只落得孤寂而終。

因此，面對這種疾病，最重要的除醫療(cure)之外便是關照(care)。二個字的英文字首同樣都是C，具有同樣的醫療意義，但是在西歐的近代醫學當中「care」卻往往為人所遺忘。而今人們已經又開始注意到它的存在，其中愛滋病具有非常關鍵性的意義。美國率先成立患者的看護設施，開始提供相關設施給陷入極度絕望、自暴自棄的患者，而我們能批判這類慈善機構為偽善嗎？

正面迎向問題，抽絲剝繭，讓問題的枝節更明朗化，並且由激烈的對立和意見摩擦當中，克服自我內心的異質性(hetero)，這種典型的西歐行動模式，在目前和愛滋病的抗爭中充分顯露出來。

日本的現況

上述的種種現象如果移植到日本的社會、文化風土之中，結果又將呈現何種風貌呢？輕易地便搬出所謂的日本論，這種草率的心態最不可取，但是此時對自我有某種程度的認知應該是不可或缺的吧？此處要探討的觀點之一是，包括首相在內，日本人都是生活在同質性的幻覺之中。此處所強調的並非日本民族和原住民蝦夷族間實質的關係問題，而是日本人將同質性的概念視為一種價值觀，並奉之為圭臬的特殊現象。對於異質性的認識不僅不夠充足，同時不願正視，彷彿原本便沒有所謂的異質性存在，不是視若無睹，便是漠不關心，筆者要強調的便是日本人這種內在的傾向。

刻意擴大自己和他人間的灰色地帶，模糊他人和本身之間的差異，不僅對他人認識不清，甚且連自我認知都嫌不足，藉此規避兩者間表面的對立，刻意營造出一種同質性的「氣氛」。這種日本人特有的行動模式，正可以解釋所謂的「規避對立」、「集團主義」等日本人經常受到詬病的特質。這些特質固然在歐美人士眼中顯得十分不可理解，甚且會形成一種不夠真誠的印象。而就另一個角度而言，歐美人士往往被要求要以更寬大的心胸去接受和自己行動方針不同的的人。但是此處要探討的並不在於緊張的國際局勢之中，日本立場的是是非非。而是，未來日本社會如果無法避免愛滋病的蔓延時，對於歐美各國在痛苦中試圖摸索出的人權對應模式，日本在其特有的行為特質之下，將會出現何種不同的風貌？同時，對於這種日本特殊的反應，又該採取何種對應方針呢？這應該才是問題的核心所在吧！

如果說日本人的行動特質只在於模糊既有的異質性時，那麼問題應該不至如此嚴重。但是就如筆者曾經探討過般，原本一向被模糊對待的異質性，如果有朝一日突如其來地迫在眼前時，日本人往往會驚慌失措，一轉平素若無其事的態度，顯現否決、排斥的窘態，這種兩極化的反應令人不得不擔心。而這種異質性突如其來的壓力，往往會伴隨者危機意識，轉而形成一種強烈的排外主義。這雖然不如根植於自覺性，那種明顯的對立或相互排斥的排外主義般深刻，但是其潛在的危機仍不容忽視。

而這種特質在愛滋病的蔓延過程當中，已經可以窺見一二。因罹患血友病而被拒絕於就職、求學的門外，潛意識中非常重視所謂同質性的日本社會中，這類「排他」行為，對於受排斥者當然會造成更大的影響。因此無法只是將其當成一種過渡性的個案，等閒視之。此外，這類排斥行為特別是在鄉間地區，可能連正常的埋葬都會遭受摒棄，影響及於死者乃至他們的後代子孫。

當然掌握患者的實際狀態，或是對於帶原者或發病者的管理，就社會整體利益而言，這也可說是不可或缺的「對策」，在管理制度上如果對這類「對策」執行不力，想必管理單位也難辭其咎。但是就如上述般，只要承認日本社會確實具有這些特質，如果沒有適當的因應「對策」，那麼不僅會對患者或其家族造成嚴重的人權侵害，同時對策本身可能也無法發揮其應有的效果。因為只要人們擔心受到「排擠」，刻意逃避制度的漏洞，其結果必然會使對策本身的意義化為烏有。

因此，愛滋病的因應之道固然需要開發有效的治療方法，但是對日本而言，至少仍需要兩項決定性的要項。第一，儘管國際間防疫合作十分困難，但是，在管理制度方面，日本必須提出專屬的有效方法，並遵行不諱。而這層顧慮必然也會影響及於治療的層面。大量篩檢的「對策」一般較容易為日本所接受，但是儘管如此，對於美國目前所執行的強制性抗體篩檢的作法，最好還是能夠避免吧？尤其在仍然缺乏適當療法的今天，更應該如此。

第二，說來或許有些遙不可及，那便是日本社會的意識改革。不再「排斥」或「漠視」異質性，而代之以「共存」的模式。而所謂的共存並非在曖昧之間縮短彼此的距離，而是確實承認異質的存在，彼此間搭起溝通的橋樑，尋求共存的空間，當然這並不止於愛滋病的問題而已。這種觀點表面上彷彿和第一項的管理措施形成矛盾，在此要強調的是對於疾病本身，不要視其為「異常」而予以排斥，而要逐漸培養疾病乃是一種「日常現象」的觀念。在徹底追求產能和效率的工業化社會當中，人類的疾病只會被視為是一種發展的絆腳石。但是事實上，疾病雖然是人類極力克服的目標，但絕非是「罪惡」。和疾病共存，這對人類而言是必要的認知，需要進一步擴展。如果在社會中能夠形成這種共識，想必在疾病照顧的層面也會獲得改善吧？就這層意義來說，日本目前可說是面臨重大的抉擇。

愛滋病下的日本

何謂傳染病？

西歐的發展史中，曾經一度將疾病視為「一種」現象。換句話說，當時西歐人士認為，所謂疾病乃是由於人類體內的四種體液失調而發生。如果這種觀點屬實，那麼今天所謂的肺結核、糖尿病、肺癌等，各種疾病其實都源自於同一因素，只是偶然間以不同樣態呈現出來而已。在此理解之下，當然無法想像各種疾病是否有其個別的病情以及病因。

即使是現代，「發炎」一詞仍可說是當時這種觀念的典型代表。不論是火傷、跌打損傷，或是細菌感染，不問病因何在，「發炎」一詞便被用以涵蓋某種症狀，或是症狀群。而過去對於「疾病」一詞的認識，應可說都是架構在這種觀念之下。

但是在此認知之下，最棘手的是對於傳染病的解釋。就如一般所了解，病原微生物學的歷史大概只有一〇〇年左右。而就在這項學理尚未發展之前，對於疾病能由患者「傳遞」給正常人的這種現象，人們是如何理解的呢？

例如，對於十四世紀蔓延全球的鼠疫，人們到底是以何種觀點解釋呢？對於傳染的詮釋有幾種類型。一種是解釋為空氣污染。火山爆發釋放出有毒氣體，或是地面下的有害瘴氣大量地擴散到空氣中，因此生活在地面上人們同時產生了生理障礙。這種障礙固然是促使體液失調的因素，但是根據個人日常生活的調理，或是當時體能狀況，其發病的時機便有前後之差。因此，即使是同樣呼吸受到污染的空氣，但是並非每個人都會同時發病。

而另一種詮釋角度是占星術。如果某種特定的星相可以影響地球人類的健康，那麼其影響力應該就如「傳染」一樣，涉及的範圍非常廣。代表「來自星球」的英文單字influentia，不僅衍生influence「影響」一詞，同時也是「流行性感冒」——influenza的語根。由此可以了解古人對於占星術的觀點。

此外，由於疾病會在人與人之間蔓延，因此這種現象應該也被解釋為「疾病種子」的散播。謠傳只要和病人視線相交，「種子」便會傳入，因而染病。在鼠疫盛行的年代，醫師或護理人員甚且會在臉上垂掛面紗，或是橫向而坐，以手摸索的方式為病人治療，有些則是戴上以香薰過的面罩，以達到自我預防的目的。

而最後一種詮釋類型便是「惡魔傳說」。黑死病時期，西歐世界曾將其歸罪於猶太人，一部分則將矛頭指向某些受到歧視的業種。當時傳說猶太人要絕地大反攻，企圖全面殲滅基督教徒，並且引起各地猶太人的響應。因此有人認為人們大量的致病是由於猶太人背地裡在儲水槽或水井中下毒所導致。這也就是為何十四世紀後期，歐洲各地強烈迫害、虐殺猶太人的原因。猶太人居住區受到破壞，甚至連猶太教堂都遭到放火的命運。

當面臨嚴重的災厄時，人們的反應中最可怕的就是這種「防衛」措施，或是將責任轉嫁給無辜的羔羊。

這類例子也不僅止於黑死病時期。另一個代表性例子是梅毒的命名依據。十五世紀末，全球突然爆發梅毒流行，引起極大的恐慌。當初就有所謂的「法國病」、或說「義大利病」……，日本則稱之為「唐喪」。

當然這類命名的理由很單純，只是根據其起源地（往往是個人的判斷），而予以命名。雖然各國的命名方式看似其來有自，但是這顯然都是有意將不名譽的梅毒栽贓「他人」的心理在作祟。

愛滋病是否會重新挑起潛存於日本社會中的排外主義、排他主義，留下歷史的傷口？對此令人不無疑懼。

醞釀排外意識的愛滋病

疾病能夠在歷史上扮演舉足輕重角色的情況有兩種。一種是某個時代、某個社會之中，某種疾病對於當時的關鍵人物造成決定性的影響。這種現象稱之為「個人型」。

例如，拿破倫如果不是被惡性痔瘡所困擾的話，滑鐵倫戰役之中，法軍應該可以大獲全勝吧？這種臆測應該是「個人型」中，最容易理解，同時也是最不可思議的類型。

這種對於過往歷史的「假設」論，即使無關乎疾病，這類無意義的議論往往也會被嗤之以鼻。但是在此同時，和天才的「病跡學」一樣，卻是訓練人們想像力的最佳命題。

另一種情況稱之為「社會型」或「大眾型」，其特徵在於疾病本身對社會整體結構造成莫大影響。其中最具代表性的首推傳染病。

十四世紀，當黑死病肆虐西歐時，尤其是農村的莊園人口驟然銳減，結果迫使各地的領主不得不支付酬勞，另行自外地招募勞動力以取代原本的農奴。結果這對於中世紀的莊園制度，造成致命的打擊。這也就是疾病影響社會形態的典型案例。

以下介紹另一個較特殊的案例。在黑死病的後續影響之下，拉丁語原本在西歐大學的核心地位嚴重受到動搖，代之而起的是一般的日常性語言。這主要是由於黑死病肆虐，大學的資深教授相繼謝世，而卻不能及時找到具有充分拉丁語知識的學者來遞補所致。因此黑死病可說是造成當時知識結構改變的主要因素。

綜合上述觀點，這次的愛滋病對於日本社會而言，無疑將會掀起「大眾型」的影響力。日本現代社會當中，很難列舉具有舉足輕重的個人力量。而若是「大眾型」的影響而言，想必任何人腦中都會浮現那早已根深蒂固的排外主義。

日本社會中，排外主義和媚外主義可說是一體兩面，同時也無法否定這是日本歷史刻意營造的結果。江戶時代的鎖國政策就是一個最佳例子。此外，日本古代的所謂「藩」便是為排除「外來者」而設置的。各藩強調的是均質、同質，刻意塑造成一個等質的社會空間，而「村」的結構便是要藉由制度的確立，以進一步確保這種等質空間。

當然相形之下，今天的日本，尤其是在大都會中，這些人為塑造的排他性空間結構或許可說已經崩潰。例如，在過去「村」的空間裡，即使是無父無母的孤兒，他們的一舉一動都難逃村人的眼睛，因此言行舉止當然會受到規範。而在今日大都會的空間裡，「他人的眼光」已經不再具有約束力。

日本繼鹿鳴館時代（譯者注：日本明治時代中期，積極推行歐化政策，當時以英國人建造的鹿鳴館最具象徵性，因此這段時期就稱之為「鹿鳴館時代」）之後，由於內村事件（內村鑑三為日本基督教無教會主義的創始者）以致爆發了排外主義；而繼大正教養主義的西歐崇拜之後，為超越來自西方的現代化思潮而興起日本浪漫主義；戰後日本的基本思潮，呈現美國一面倒的現象，但是最近又逐漸掀起反動的跡象，在此之際，來自大洋彼岸的「怪病」愛滋病，在未來在歷史中，扮演某種特殊關鍵角色的可能性相當高，值得密切觀察。

日本偏狹的排外意識

當然，對於疾病的成見，並不僅止於「排外」的形式。已經有許多報告顯示，日本國內的血友病患者正承受著極大的壓力，我們怎忍坐視不顧？

由於罹患血友病的事實曝光，因而被拒絕於公司餐廳門外的上班族；在高中入學申請書中，自述為血友病患者，結果不獲受理。凡此案例，今後仍將繼續發生吧？在歐美社會中，公司內部攻擊的矛頭可能朝向同性戀者，而日本由於同性戀者較少（或許尚未曝光吧？），因此血友病患者便成為代罪羔羊，這種現象非常值得我們省思。由另一角度來看，也可見日本對於同性戀者原本就非常歧視、打壓，而歐美社會中，同性戀者已經不再受到壓抑，相對的卻成為愛滋病的代罪羔羊。

當然，社會結構中，較弱的一環往往成為強勢者發洩歧見的管道，這種現象無論任何社會都無法倖免。問題在於日本傳統偏狹的意識形態下，仍有可能存在一般常理所無法解釋的排外現象，因此並不能以沒有忽視「一般性傾向」而滿足。

而所謂日本偏狹的排外意識由來已久。前節也曾介紹過，戰後日本徹底追求「美式」價值觀，並在日本社會中形成一種共識（其中當然也有一部分追求的是「蘇聯式」價值，這如果不在此特別一提，似乎有失公正）。民主主義、個人主義、美式生活形態，以及上述各項特質的核心要素——富裕，舉凡日本本土所缺乏的，都被奉為最高的價值目標，追求不懈。或許今日的日本社會遠比美國本身更徹底地實現「美式」價值。

日本那股徹底實踐美式價值地幹勁使得地主國美國感到相當焦慮難安。同時世界各國最關心的話題也集中在，日本為何能夠如此徹底實踐美式價值？而就在這股外來的刺激之下，日本社會終於開始重新反省，戰後的「崇外」心態是否正確？目前為止日本總是喧嚷著，如果不改變既有的「作法」，便無法達成「美國化」、「真正的近代化」，而今，這種觀點已經開始受到質疑。過於強調所謂美式個人主義，反倒成為阻礙實現美式價值的絆腳石。正因為如此，今天美國反而開始重新探討日本的「間柄主義」（重視人與人間的協調），或是「柔軟的個人主義」，並視為典範。美式經營管理過於強調實力主義，因而遭遇瓶頸，而日本為人詬病已久的年功序列制度（譯者注：依年資逐年加給昇遷），如今卻成為國外的研究探討的目標。

日本的傳統難道真的一無可取嗎？難道非得改變才能進步嗎？

終於海外也開始出現了「傲慢的日本人」的論調，當此之際，愛滋病騷動也逐漸蔓延開來。至於愛滋病發源地，不論是採普遍性觀點，認為其來自非洲，或是採信非洲大陸之外區域的說法，總之，毫無疑問的，這種疾病是來自於國外。至於愛滋病進入日本的媒介則是目前愛滋相當猖獗的美國，或是亞洲各國。既然得到如此的結果，那麼日本對外國採取封閉的態度，這也可說是一種必然的趨勢。

事實上，在日本的長野縣就曾發生類似的騷動。有一段時間，駕駛「松本車號」（日本車牌會顯示汽車登錄地，而松本為長野縣的最大城市）的客人經常被拒於門外，因此引發將在松本掏金的外國特種營業女子完全逐出的事件，由此看來，上述的排外傾向決不是空談。

愛滋的教訓

簡單地說愛滋病是一種VD（venereal disease：性病），這才使得日本的排外傾向更形凸顯，這點相當值得我們注意。針對目前高喊著「性解放」的社會現象，傳統的道德觀念形成一種反彈，而基於保守的道德立場，這種反彈的攻擊目標，往往不在於內省，而是將矛頭指向海外（以愛滋病而言就是「美國式的性解放」），從過去的經驗看來，這種舉動也可說是其來有自。

是否因為過去對於外國價值過度卑躬屈膝，導致強烈的不滿和抗拒情緒，進而對所謂的美式自由，完全予以否決或排斥？若認為不久的將來，日本將出現此種傾向，這種觀點或許過於神經質，但是如果無法意識到，日本人可能會排拒外來的事物，轉而封閉在自我內在空間的事實，那麼又何嘗不能說是缺乏遠見呢？

回顧日本過去的歷史，從安土、桃山再到戰國時代，之後短短不到一個世紀的時間之內，日本便完全自我封閉所有的對外門戶，當時有多少人預想到這種結果呢？在此之前社會對於海外進口的產品，由基督教到梅毒、短槍到葡萄酒，無一不完全接納，甚且雄心勃勃地企圖經營整個東南亞，但是進入十七世紀之後，一切都化為雲煙。

由極端的崇外到排外，這種兩極化的社會變化，對日本社會而言絕非特例。當然以此描繪未來的日本藍圖，似乎失之偏頗。但是缺乏天然資源的日本，既然是以國際貿易為經濟命脈，那麼鎖國一途，不異是自殺行為。想必大家應該會認同這種看法。

我總覺得，鎖國思潮在日本社會中隱然匯成一股力量，難道這是筆者過於杞人憂天嗎？認為歐美已經不再是值得學習的目標，這正是物質上雖然身在海外，但精神上卻處於自我封閉狀態的潛在因素。而年輕的研究人員，失去到國外進修學習的熱忱，這又意味著甚麼？不斷追求高度成長之餘，形成一種反彈，人們陷入一種過度自信，些許的超越都會引以為傲，這難道不是一種鎖國心態的流露嗎？

對於和他人間本質上的差異，並非是要雙方含糊地作某種程度的退讓，因為駝鳥心態終非解決問題的辦法，重要的是必須正視差異的存在，彼此間徹底探討「共存」、「共榮」的途徑，但是日本人對此卻非常不擅長。就在確認雙方之差異的瞬間，立即萌生排外的意念，這和模糊差異的存在一樣，都是日本人經常採取的行動模式。

由此可見，在日本人這種潛在意識的鎖國傾向之下，預測愛滋可能成為引爆社會問題的導火線，想必應該不是無的放矢。

今後應該如何和愛滋患者共營生活，我認為這個問題的突破應該和愛滋病特效藥的開發一樣，並列為當前日本社會的重要課題。進一步說，不僅是愛滋病而已，以更遼闊的視野而言，在周遭環境中，面對不同於自己的想法、價值觀、乃至不同的存在模式，應該如何接納並與之共存，這應可說是對於日本固有意識形態和行為模式的最大挑戰。

駝鳥心態和強烈反彈是日本社會對於「外來者」的兩種處置方式，而兩者都會對「外來者」造成傷害，使對方感到焦慮。若能對此有所反省，這應可說是愛滋帶給我們的寶貴教訓。愛滋病降臨固然不幸，但是既然它能給予人們如此的啟發，我們當然要記取這番教訓。

傳染的本質

清潔、不潔、過去與現在

對抗生物質有抗體的細菌會引發醫院內部感染，其危險性經常是人們關心的話題。至於擴大傳染的途徑，一般只會注意到患者或醫院工作人員中的無症狀帶原者，但事實上藥物濫用才是最大的危機。例如為保存魚類鮮度，在魚體內摻入大量抗生素，這才是導致細菌具有抗藥性的主要元兇。

此外值得注意的是，醫療人員的態度也是醫院內感染的重要因素之一。主張產褥熱為醫院內引發的感染疾病，並極力企圖予以遏止的聖梅懷斯，在當時受到其他醫師強烈的責難，最後甚且被送入精神病院。所幸他的警告終於逐漸為人們所了解，十九世紀以來，醫師、醫學院學生以及護理人員，工作中無不重視消毒與清潔的工作。

我出生於戰前，孩童時代，最令人困擾的莫過於化膿，當時只要稍微受傷，傷口就會化膿。當時除了用一些初步的敷療法外，別無他途。而且即使痊癒後傷口仍會留下醜陋的疤痕。其實在那個年代，因為香蕉進口前曾經堆積在船艙中，因此必須用酒精消毒後才能給小孩吃；為避免生病，生魚片和壽司都排除在孩童的菜單之外；經過眾人接觸的電車吊環、紙鈔、錢幣都儘量不准小孩觸摸，如果不慎接觸，勢必要小孩洗手。即使是一般家庭，廁所也會準備放有消毒水或汞的洗臉盆，而家長更是再三叮嚀不輕易使用他人的廁所等，以避免小孩受到無謂的感染。

總而言之，當時不論是醫院或家庭，都非常重視消毒。而今天，一般兒童即使受傷也很少有化膿的經驗，其原因到底何在呢？百貨公司或其他公共場所的廁所都看似非常清潔，小孩非常喜歡使用。即使在外用餐，一般對於營業單位的衛生管理也都掉以輕心，對於是否徹底清潔已經不像過去般在意。

當然造成這項改變的因素在於抗生素的發現，這應該是非常顯而易見的答案。同樣的，現在的醫師和護理人員也不必再擔心化膿的問題，對於消毒手指的習慣也就掉以輕心。同時目前用後即丟的注射針筒十分普及，親手煮沸消毒的習慣自然為人所遺忘。即使化膿，只要使用抗生素立刻見效，無形中助長了這種姑且馬虎的心理。在此稍微轉換話題，日本人到國外，尤其是對其衛生環境缺乏信心的國家，不得不生食或飲生水時，即使沒有症狀，為了預防，一般都會輕易的服用抗生素。如果抗藥性細菌是促使醫院內流行感染的幫兇，那們我們今天的作為，無異是一種開倒車行為，讓自己的生活退回到聖梅懷斯的時代。

由此可見，不潔或清潔的概念，往往是左右一般生活習慣的重要指標。目前的學生認為「早起洗頭」是一種「清潔」的表徵，但是上面所列舉的，我們孩提時代的各項禁忌，也就是當時大人對於「不潔」、「清潔」的概念，對於現代的年輕一輩似乎都沒有解說清楚。但儘管如此，對於性病（STD或VD）的戒懼卻不曾或忘。告誡女兒在公共澡堂跨越浴盆時，應該避免肌膚接觸，不論男孩或女孩，都要避免熱水濺入眼睛，這些注意事項仍然遵行不諱。而「梅毒無孔不入」的認識，也就在無形間形成。「不知何方人士摸過」所以認定是「不潔」，這種觀念裡意味著，公眾人群中潛在著身染惡疾的人，相對也表示對人的不信任，而這就是我們曾經居住過的空間。當然我並非主張這種情況較好，而是我擔心，不論願或不願，愛滋病的流行將會再一次，將我們帶回那種對人不信任的空間中。先父是醫師，他的醫師友人就因在解剖中，不慎讓梅毒的膿胞濺入眼睛，結果不僅導致失明，最後甚且喪失生命。這應該也算不得是特例吧？醫師的白制服在過去似乎也是「不潔」的表徵。也因此，過去的醫師每天都要數次更換雪白的制服（但是今天令人驚訝的是，大學附屬醫院附近的「小餐廳」裡，到處充滿著身穿白制服的人，簡直不可思議）。總之，醫師和患者、或是護士和患者間的關係，乃致摔角、拳擊等有流血場面的競技活動，以及不特定多數的人際關係間，由於愛滋病的出現，某種程度的緊張關係自然是無法避免的。

但是儘管如此，就文明的角度而言，其中隱含著未必全然都是「惡」的特質。

愛滋病的「原型」

一般認為，隨著哥倫布「發現新大陸」，梅毒也被引進。當然此種說法中仍有許多疑點，但是從往後全球所掀起的大流行看來，似乎多少有些真實性。歐洲人漂流到日本種子島是在一五四三年，而早在二十年前梅毒就已經傳入日本。說是有趣現象，似乎會犯大不敬，但是疾病終究是疾病，或許是為了規避責任吧，名之為「唐瘡」，有意將這種不名譽的疾病歸罪給其他國家，這種現象似乎不只日本，即使是歐洲地區，或說成義大利病，或說是法國病，分別以其他國家命名的，也不乏其例。這命名未必真是根據其發源地，依觀察應該是基於責任轉嫁的心態吧？

回溯歷史，當時最令人恐慌的疾病，不是黑死病而是由梭狀芽孢桿菌所引發的壞疽症，當時的人稱之為「聖安東尼之火」或「地獄之火」。據說當時到田地工作的農夫，回家途中手腕竟然腐爛掉落，慘絕人寰。而今天名為「斑疹傷寒」的傳染病，在當初也是人人聞之色變的疾病之一。這類疾病，我們今日稱之為「傳染病」，但是當時所謂「傳染」的觀念仍付之闕如。依當時的疾病觀念，疾病的原因只有一種，雖然有種種不同的症狀呈現，但是病因只有一種，也就是，體內四種體液失調。因此很難理解所謂「傳染」的意義，當然根本也沒有所謂「傳染」的概念。因此，同時出現大量的患者，並且相繼死亡，人們便試圖以占星術解釋這種現象，否則便認為是因為火山爆發，大氣遭毒氣污染，人類因而致病。此外，認為猶太人或是某些地區受到歧視的人們，在井中下毒，這種解釋方法在當時也相當具有說服力。

開始於一三四八年的「黑死病」，至十五世紀初終於告一段落，當時也開始實施隔離政策或檢疫制度，雖說仍是懵懵懂懂，但「傳染」的觀念確實已經開始啟蒙。而真正明白傳染病是由於病原體的感染以及轉移，則是在十九世紀中葉考科(Robert Koch)的研究之後。

話說回頭，梅毒最後留下非常有趣的結果。十六世紀有一位相當活躍的煉金師兼醫師名叫波拉客魯斯（Paraceleus，一四九三～一五四一，瑞士化學家、醫師）。他徹底否決了當時頗受敬重的蓋利諾（Galenos，一二九～二一〇，希臘醫師）醫學體系，是一個特異獨行的醫師。以現代的眼光看來，他的確具有文藝復興時期思想家獨特神秘的一面，而他的觀念可說非常具有現代觀。例如，他敢於打破當時的傳統觀念，認為疾病不是因為四種體液失調所引起。

根據波拉客魯斯的說法，鼠疫對任何人都會引發同樣的症狀，梅毒當然也不例外。如此說來，各種疾病應該有其一定的相同性質。萬物在同一性質的基礎下，各自擁有其「原型」(Archeus)，而疾病當然也不例外，有其「原型」。疾病的「原型」進入人體中，和人類的「原型」產生激烈鬥爭，這便是疾病的狀態。因此所謂的醫療便是，在此爭鬥中，採取能夠支援人類「原型」的措施，如此便能奏效。

根據這種觀點，對於梅毒的治療，波拉客魯斯率先大膽地採用水銀製劑，當然以水銀為藥劑，並非史無前例，但是毫無疑問的，這項療法在當時可說相當具有劃時代的意義。

現代的醫療經常被比喻為「魔彈主義」。只要針對感染病源的病原微生物，給予具有特效成分的藥劑，徹底擊潰病因，病情便能獲得控制。事實也顯示「魔彈主義」確實能夠奏效，感染症的病因原則上已經得到控制。但是以另一個角度而言，現在的醫療所面對的是，連「魔彈主義」都束手無策的強勁對手。我們的醫療體系正逐漸面臨著結構性的巨大改變。生物倫理學之所以重新成為人們關心的話題，主要也是由於這種醫療結構的變化，導致醫師和患者間關係的改變，不過這不是本文的主題，在此權且割愛。而今日面臨的愛滋病也正是屬於「魔彈主義」勢力範圍之外的疾病之一。

根據上述的論點，波拉客魯斯所主張疾病「原型」的概念，以及有關的治療方法，應可說就是「魔彈主義」的開端。在這個典型的文藝復興時代的人物身上，我們不難發現其現代的特質。

假設波拉客魯斯是當代人物，那麼他又將會如何看待愛滋病呢？這應可說是一個相當有趣的腦力激盪。因為愛滋似乎沒有所謂的自我同一性，套句波拉客魯斯的論調，就是沒有所謂的「原型」，對此又該做何解釋呢？

聖安東尼的奇蹟

筆者應威尼斯工科大學的邀聘，重新造訪這個闊別已久的城市。城市中增添了些許新風情，當然舊城風貌也依然存在，新舊並存是每個現代城市共有的特徵，不足為奇，但是一旦在東京居住一段時日，不免對歐洲舊城鎮的「小巧」，別有一番感觸。地鐵充其量只有四、五站，步行也不至感到有何不便，這和東京山手線的內環線真可謂有天壤之別。不過威尼斯也不例外，漫無秩序的擴張現象在郊外隨處可見。

這個古老的小城鎮中心，有一座著名的寺院，名為聖修特凡，離此不遠處的街道上，矗立著非常花俏的「鼠疫塔」。在布達佩斯也曾見過這類鼠疫塔，當時只是隨意的拍照留念，出乎意料之外地，照片竟然能派上用場。偶然間某醫學報紙的問答欄中提出何謂「鼠疫塔」

的問題，並要求我負責做答，百聞不如一見，此時這張照片便適時的發揮了效果。

威尼斯的鼠疫塔比佈達佩斯的更「豪華」，而且規模更大，兩者都不是興建於十四世紀「黑死病」時期，而是十六、七世紀，再度掀起大流行時的作品。這類鼠疫塔在歐洲各城市到處可見。其目的在於祈祝受害範圍不要擴大，或是感謝疫情獲得控制，對顯靈的聖人表達深摯的謝意。而顯靈的聖人中，尤其以聖安東尼意義特別深遠。

聖安東尼是三世紀到四世紀間，盛行於埃及的傳說人物。根據傳說，聖安東尼是科普特人（Copt，信奉基督教的埃及人），為基督教徒，如同耶穌一般，曾經在沙漠中修行，過著禁慾清修的生活，當然其間也面臨了許多惡魔的誘惑，而聖安東尼都能一一克服，完成清修的心願。而傳說中的種種誘惑，便成為後世畫家描繪的對象。也有人認為，就是為了聆聽聖安東尼的教誨，因而在眾多的慕道者間形成一種修道制度，而這便是基督教修道院的由來。

傳說中的聖安東尼多半以手持十字型的樹枝出現，而一般認為這十字架其實代表埃及文字的T（塔）型。在此附帶一提，以玄學推理聞名的作家耶拉里・泰因，在他以國名為題的系列作品中，《埃及十字架的祕密》談的便是這十字架的故事。一部分的畫像中會將聖安東尼外衣的肩部以水藍色描繪。但是依據民間信仰，聖安東尼最具代表的仍在於他隨身的豬和火焰。

稍前也曾提到過，中世紀的歐洲，比黑死病更令人膽喪的是「地獄之火」，也就是「梭狀芽孢桿菌所引發的壞疽症」。而不知是何因素，傳言中認為豬的脂肪對於這種疾病相當有效。十一世紀時聖安東尼的遺體經君士坦丁堡奉回法國，當時一位貴族身染這種「地獄之火」，而就在聖安東尼遺骨的庇佑之下，安然痊癒。從此，聖安東尼便被尊奉為對抗這種疾病的守護神。繼而病名也被稱為是「聖安東尼之火」，而「火」的印象便轉換成「火焰」，連同被認為是特效藥的「豬」，便成為聖人的隨身之物。

不久，也就是十四世紀時期，令人膽喪的「黑死病」肆虐整個歐洲，彷彿汪洋中的一枝稻草般，人們期待聖安東尼也能夠賜予鼠疫的特效藥。不僅是鼠疫而已，直到今日，人們甚且都還尊崇聖安東尼為所有疾病的救星。也因此十六、七世紀建造的鼠疫塔中，以安置聖安東尼的聖像者居多。

在這次的愛滋病騷動中，歐洲尚未聽到有再度請聖安東尼顯靈的跡象，但是就如同日本的「御賓頭盧羅漢」（日本傳說中白髮長眉的羅漢，傳說以手觸摸神像可治百病）一樣，純樸的民間信仰最後竟和釋迦佛的弟子形成呼應關係。這在歐洲也不例外，當發生重大的致命性疾病時，民間信仰往往會在基督教的聖人當中尋求寄託。值得注意的是，這種信仰和寄託有時甚且會出現嚴重扭曲的現象。「御賓頭盧羅漢」原本是釋迦牟尼佛的弟子之一，因為能施展「外道」，也就是具有魔術般神秘的超能力（這和治病本來應該毫無關係），因而受到釋迦的責難，以至到末法時期（釋迦牟尼死後一千五百年到一萬年間）都不能得救，然而在民間信仰中卻成為救人活命的神仙。相對於此，聖安東尼則是德高望重的得道隱者，而且也確實過著隱居的生活，不願涉及人世間的種種，因此讓人有無奈地被哄擁出場的感覺。

或許有人會對此古老的傳說，嗤之以鼻，但是如果認為現代社會不會讓這種民間信仰重現，如此的判斷未免過於淺薄。當醫療技術一籌莫展，或是眼見醫學已經無能為力時，人心必然會殷切地尋求另一種寄託。而在今日社會將會以何種形態出現呢？非常值得我們玩味。

III

醫院的內部／外部

「流行病」的探索

樺山紘一

西歐的「疾病」觀

村上　十年前我出版了《鼠疫大流行》（岩波新書）一書，當時僅以些微時間之差，沒能及時趕上愛滋病的話題。當時如果能夠徹底認識愛滋的話，想必撰寫角度會有很大的不同吧？現在回想起來，深深覺得，我終究仍是以西歐的觀點著筆。

這主要是由於最近閒談間談到哥倫布，以及大航海時代之後的五〇〇年間，哥耳狄斯（Herman Cortes，西班牙人，曾征服墨西哥）、皮責洛（Francisco Pizarro，西班牙探險家，曾將西班牙的領地擴展至印加帝國）等傳奇人物輩出。由此話題再重新回顧我所著的《鼠疫大流行》，此時才赫然發現我只將焦點放在梅毒上。而論述角度過於偏重「西歐觀點」是我對自己著作的最大反省。從「南美的角度」來看，大航海時代無疑是一場大災難。除了燒殺掠奪之外，由於歐洲人的入侵，南美遭受空前未有的「疾病」肆虐，這項打擊遠超過人為的迫害。

樺山　疾病還包括天花、斑疹等。

村上　在西歐人眼中，梅毒或許只是個古老的疾病，有關其根源雖然眾說紛紜，但是總結而言，應該是由西印度群島傳入歐洲。相反地，由歐洲傳入南美大陸的疾病，南美人可說毫無招架之力，只有照單全收。

「傳染病」，包括愛滋在內，想必都有其病原體的潛伏地，而且在當地並不會出現致命的反應。而這些病原體由於某種因素產生變化，並擴展開來。當交通網路形成另一種傳遞管道時，病原體因此得以入侵原本完全沒有該病原體存在的地方，帶來毀滅性的影響。

樺山　的確是啊。

大舉肆虐於十四世紀的鼠疫，原本可能只是局限在中亞某個特定區。至少至八世紀乃至九世紀以後，鼠疫的病原都只局限在該地，並沒有引發全球性的大流行。

成吉思汗的蒙古帝國興起於十三世紀初，此後一世紀間，或說至少在其後一段時間之內，鼠疫不曾如此大肆蔓延。

伊兒汗國(Il Khan)於一二五七年成立之後，也就是當蒙古勢力入侵西亞的時候，中亞的鼠疫菌逐漸向西擴展，前後大概延續五〇年之久。之後鼠疫菌便像決堤的洪流，轉瞬間，便將西亞捲入黑死病的波滔之中。之後大約又經過半世紀之後，鼠疫又再度蔓延到歐洲。

村上　傳說鼠疫的循環週期為三〇〇年，每隔三〇〇～四〇〇年會出現一次大流行。而所謂的非流行期其實也並非完全消滅，而是如前所述般，只是暫時在某個局限區域，低調地存活著。

就在某種因緣際會之下，鼠疫開始大流行。而所謂的因緣，大概就是生物體的一種變化吧？人體本身感應的變化應該也有關係。此外，剛才談到的政治局勢和交通發達的狀況等，全球交流網路的變化對於疾病的流行，也難脫關係（笑），它促使疫情一發不可收拾。其間的週期大約是三〇〇～四〇〇年，曾經輪迴發生幾次大流行。

當然所謂的鼠疫，到底真的是鼠疫嗎？這個問題本身就頗有爭議。

樺山　爆發於六世紀查士丁尼（Justianus，拜占庭帝國的皇帝）時代的黑死病，可確定是鼠疫無疑。在此之後，世上發生的疫情原則上較容易證明，至於紀元前四世紀時發生的「帕力剋萊斯病」是否確實是鼠疫，時至今日，實在很難有定論。

而三〇〇年週期之說是否屬實，至今也無法驗證。但是以人類而言，三〇〇年相當於十幾代，形成一個週期應該不無可能。

鼠疫並不只棲息於「人類」或「鼠疫菌」，「熊鼠」、「跳蚤」等也是居間的媒介，也就是中間寄主。因此可以說鼠疫在包括人類在內的四種生物體間相互影響，形成一種傳染病，所以老鼠的因素也不容我們疏忽。同樣地跳蚤的條件也必須列入考慮。

村上　沒錯，正是如此。

樺山　我們很難確定跳蚤是否曾經大量繁殖，至於老鼠我們卻相當容易掌握。因此，鼠類何時曾經大量流行，或是何時曾經劇減，史料上都有所記載。就在鼠疫入侵歐洲之際，曾有人親眼目睹熊鼠透過海上交通工具，大量流入歐洲。這應該是發生於一三四七年秋天以後的事情。

村上　沒錯。聽說是「渡河」而來的。

樺山　所謂熊鼠這種動物，原本是循著通商道路，由中亞流竄而來。當時可能是藏在沙漠商隊的貨物或是船艙中，遠渡而來。

所謂的鼠疫，是基於上述四種生物間的平衡關係所產生，對於其形成的機制，人們至今仍不得而知。想必是無法像一般的歷史事件般，最終能獲得一個明確的結論，因為其間仍存在許多難以解釋的因素。

流行病形成與終結的機制

村上　所謂的機制，指的是發生全球性大流行的機制。

樺山　對，有所謂的臨界點，當人口或熊鼠的人口（？），還是應該說鼠口（笑），密度超過一定界線之後，就會快速地引發大流行，其中似乎有跡可循。但是問題在於所謂臨界點的界定問題，它未必能以實證說明，而這也正是至今仍是懸案的原因。

村上　如此說來，如果以另一個角度來看，剛才樺山先生提到的發生機制中，若說要克制引發鼠疫的真正兇手——耶爾森氏菌(yersinia)，我們今天已經掌握了最有力的武器，也就是抗生素。由於抗生素相當有效，所以過去歷史上鼠疫的發生機制，我認為如今已經有所改變。

但是最近十年乃至十五年之間，除了細菌研究過程中外漏的意外事件之外，也出現過一些有關地方性鼠疫的疫情報告。當然這都是發生在某些局部地區。

樺山　如此說來，再過三〇〇年左右，不知又要發生甚麼疾病。雖說我們的防禦措施已經相當完善，但是超越我們防禦體系的大流行，也不是不可能發生。當然鼠疫菌的遺傳因子也已經發生改變，屆時我們人類的免疫系統是否還有招架之力，可就不得而知了。

至於天花，大概已經完全絕跡，這又是怎麼一回事？是不是因為天花和耶爾森氏菌不同，無法寄生於人體之外，只要脫離人體就無法生存，因此只要患者完全絕跡，便表示這種病完全銷聲匿跡。

村上　我也不敢確定。如此說來，流行於中世紀的「地獄之火」，應該是現在所稱的梭狀芽孢桿菌所引發的感染。當時主要的受害對象為農民，據說是一種比鼠疫更恐怖的傳染病，而這種病現在為何又悄然無聲呢？

樺山　我不是醫療相關學者，所以也是不得而知。除了梭狀芽孢桿菌之外，痲瘋病即使是現代醫學水準，治療起來也仍是非常棘手，只是現在罹患人數的確遠比從前少。即使是鼠疫，為何在某個時期會突然平息呢？如同不能明白它的「發生的機制」一樣，對於傳染病「終止的機制」也是不得而知。

鼠疫和結核菌之間似乎有點互相較量的意味。只要結核蔓延擴大，鼠疫便逐漸消退，兩者間似乎互為消長。此外，顯然的，結核和痲瘋病卻形成共存的關係。因此有人會以接受BCG疫苗作為防止痲瘋病的方法。

村上　以細菌學觀點而言，結核菌和痲瘋病病菌之間似乎非常相似。

樺山　對，似乎是如此。因此以流行病終止的機制來說，雖然人類的醫療技術如此先進，防疫措施發達，但是仍無法使流行病完全消失。

村上　不再有人因某種病死亡時，就表示這種傳染病已經止息。但是以傳染病的角度來看，這可就麻煩了。

最典型的「疑難雜症」代表應該是癌症。因為，一般的細胞會不斷的反覆新陳代謝，但是到了十幾代後，就會達到所謂極限質而無法再更新。人體細胞無論培養條件如何優異，只要達到極限，就束手無策了（無法再新陳代謝）。但是癌細胞卻超乎這項常規。

某研究單位曾經自一位女性身上取下子宮癌細胞作為研究之用，名之為西拉細胞。該細胞的分化細胞被送到所有相關研究單位作培養，至今雖然已經達半世紀之久，西拉細胞卻仍然還在繼續繁殖之中。正因為癌細胞可以如此肆無忌憚的繁殖，因此才會對宿主造成致命的打擊。但是擊潰了宿主，癌細胞相對的也就失去了生存的空間，因此，對癌來說，不啻是一種自殺行為。由此看來，其實癌本身的命運是相當可悲的（笑）。

樺山　出生是為了等待死亡，的確是一種非常悲劇性的角色。

村上　如此說來，以某種意義而言，不僅是癌而已，所謂的病原體，或多或少都有這種悲劇特質。

但是就如先前所提到的一般，以某種角度來看，鼠疫本身並不會直接對生物體造成威脅。因為，熊鼠即使飼養帶有鼠疫菌的跳蚤，也不至於感染鼠疫。這是關鍵，我在寫《鼠疫大流性》時便沒有清楚地提到這點，所以覺得不夠周全。卡繆(Albert Camus)在他的《鼠疫》一書中，第一幕便描寫到老鼠橫屍遍野的情景。但是，根據文獻記載，這似乎是無可考證。

樺山　鼠疫蔓延之初，會出現老鼠的大量死亡，這似乎是後世捕風捉影的說法。

村上　的確，因此鼠疫流行之前齧齒類必定會橫屍遍野，這似乎是一種穿鑿附會的說法。我也是在出版《鼠疫大流行》一書後，承蒙一位研究學者的指正才得以知道。

樺山　這或許是因為同屬於齧齒類的熊鼠，由於族群本身的密度太高，所採取的一種平衡手段。換句話說，生物都有其一定的適當密度，當超過臨界點之後，便會彼此相互殘殺，以調整密度。

村上　鼠類也會因為精神壓力而死亡，而最具代表就是旅鼠的大遷移和集體自殺行為。

樺山　的確也有人持這樣觀點。

村上　因此以某種角度來看，鼠疫菌其實還健在（！），即使人類死亡，但是鼠疫菌仍不會完全滅絕。就是因為這個因素。

樺山　這和剛才提到的天花情況不同。

村上　鼠疫菌同時有幾種中間寄主，而如果鼠疫菌有意要完全摧毀人類，就要找尋人類之外的寄主，就是這麼一回事（笑），否則它們本身也會遭遇滅亡的命運。

樺山　因此，有些細菌的特質就是要設法和人類和平共處，否則會兩敗俱傷。

軍隊和流行病

樺山　鼠疫和痲瘋病一樣，不僅在醫學上，對於社會本身也有相當深遠的意義。尤其是痲瘋病，它不同於鼠疫，潛伏期非常長，而且在過去非常難以治癒，或說根本是藥石罔效，因此特別會被賦予特殊的意義。有人因此將它比喻為，「對整體人類或個人生命的一種持續性懲罰」，而這正是起因於人類的原罪。

至於鼠疫，因為疫情會在極短的時間之內迅速四處蔓延，因此人們便認為這是一種「對整體社會的終極懲罰」。也因此有人就以此宣稱世界末日即將到來。由此可見，基於流行機制的不同，各種流行病所被賦予的社會意義也不一樣。

此外，大正八年（一九一九年）日本曾經一度爆發西班牙型感冒。雖說是短暫性的大流行，但是已經進入各項防禦措施都非常完善的二十世紀，竟然會有如此大規模的流行。

據說這種流行病是起因於第一次世界大戰的戰壕，當時屬於西部戰線的德國地區，在長期而寒冷的惡劣條件下，人類密度過高，因而爆發這種感冒。由於是起因於戰爭之中，因此多數人將之歸諸於戰爭災害。

日本的大流行雖然不是起因於戰壕，但是由於病源是來自歐洲，因此日本人也認為這是一種「戰爭病」。由此也可證明，流行病各有其不同的意義取向。

村上　您提到了軍隊，所以我也想談一談有關的話題。軍隊和傳染病之間常常都是如影隨形。

從另一方面來看，掌權者對於軍隊的衛生要求往往到了神經質的地步。換句話說，不論是衛生學，或是團體的健康管理，從一開始就刻意強調各種防禦措施的，首推軍隊經營。

樺山 因為軍隊不僅人數眾多，而且屬於一種高密度的團體。對於會引起大流行的疾病，軍隊一向謹慎到神經質的地步。

日本在明治時代的軍營中，曾經因為腳氣病，而帶來毀滅性的災害，想必大家對此並不陌生。有關其原因的探討曾經因此引起日本各界激烈的爭論。據說名作家森鷗外隸屬的陸軍，最後在這場爭論中落敗。

村上 大致而言，軍隊的人口都非常密集，而且就某種意義來說，基本條件都一樣。由於是徵兵制，所以彼此的年齡相仿，吃大鍋飯，過同樣的生活。由於生活條件都已經標準化，因此一旦發生流行病，往往一發不可收拾。但是以另一種角度而言，對於診斷的一方，這倒是不可多得的實驗材料。

以日本為例，徵兵時首先會有非常嚴格的篩選，不符合標準者都會予以淘汰。而篩選的目的，並非基於人道主義，避免對身染疾病的人過度使役，而是擔心只要有一個帶菌者進入團體之中，將會種下流行病的禍根。

徵兵檢查就是基於上述因素，和人道主義扯不上關係。由此可見，軍隊中對於健康管理也有一套標準模式。因此如果有某種疾病在軍隊中蔓延，當然嚴重性是可想而知，但是對於流行病形成機制資料的收集，無疑也是一個絕佳的機會（笑）。

樺山　軍隊中都是男性的天地，包括同性戀在內，皮膚接觸的機會非常多，因此也可能引發皮膚病的蔓延。

村上　談到軍隊和衛生學間的密切關係，自十八世紀開始刻意形成所謂的衛生學以來，其中最重視的便是軍隊經營。

在衛生學中引用社會學統計的構想，主要依據仍然在於軍隊中的統計。畢竟，軍隊中的衛生狀態、健康狀態，是最容易取得統計的。由此看來，國勢調查的發展，其基礎仍在於軍隊，就是以軍隊為調查的主體。

樺山　自十九世紀初開始，國民體位——身高、體重，以及其他相關資料，都收集得相當精確，同時有許多社會工作，就是以此為依據。此外也是透過這類調查，區域間的差異才得以明朗化。例如，巴黎和布列塔尼半島間的居民，體位有極大的差異。當然這些現象多少也可憑想像揣測一二，但是有數據為憑，更是鐵證如山，而這也都是因為透過軍隊的資料收集，所以才可以順利進行。

交通、權力、隔離

村上　十四世紀時鼠疫席捲整個歐洲。那時民眾當然仍不了解鼠疫是由細菌所引發的。但是他們也揣測必定是有某種因素擴展所致，因此會有占星術或是瘴氣之說（認為大氣受到污染所引起），不僅如此，他們同時也開始思考疫情會傳染的原因。

人們因而有「隔離」的概念，進而建設隔離醫院。一個有趣的現象是，當時雖然還沒有衛生學的觀念，但是人們已經察覺到，如果要徹底解決這種可怕的疾病，光靠醫師的力量是不可能的。當然，當時也不免為防範傳染而發生一些不通情理的悲劇。莎士比亞的《羅密歐與茱莉葉》中，得知消息的僧侶卻因為看護鼠疫患者，被拘禁在家中無法外出，因此無法將茱莉葉仍未死亡的消息告訴羅密歐，因而導致最後的悲劇。

當時處理的方法非常殘暴，為了徹底達到隔離的目的，或是完全加以燒燬，或是用燻蒸的方法，完全漠視所謂的人權。十四世紀末至十五世紀初便已經有所謂隔離政策，而當鼠疫肆虐後，醫院只是徒有其名，事實上就是隔離所，而患者就被強行送進去。

樺山　把疑似痲瘋病帶原者加以隔離，這種典型的處置方式，在當時已經存在。相對的，也有健康的人採取自我隔離的方式，隱匿到清靜的地方去。

薄加丘（Giovanni Boccaccio，義大利作家）的《十日談》描寫的便是人們自鼠疫肆虐的翡冷翠撤離後，在旅居地慰藉寂寥的故事。由此可以看出，當時的人們已經意識到，遠離疫區是最有效的方法。

擔心外來船舶是否搭載帶菌者或患者，因而要求船舶必須先在外海停泊一段時間，據說這種做法是由委內瑞拉率先採行的。如果在觀察期間有人發病，當然便禁止其登陸。由於當時觀察時間定為四〇天，這也是現行檢疫一詞「quarantine」（表示四十）的由來。由此可見，中世紀時，基於經驗的累積，隔離的常識便已相當普遍。

村上　類似檢疫的貿易體制，在當時也已經建立。不過負責檢疫的不是醫師，而是由當時的最高裁決機關(commissary)執行。這也透露著，一種強權的行使，醫師是無能為力的，此時只有仰仗警察。

換句話說，醫師可能會和患者站在同一陣線，因此會有所隱瞞，或引發一些問題。所以需要有能夠捨棄一切的溫情包袱，發揮強權力量的特殊裁決機關，而這種制度也在十四世紀鼠疫流行期間得到進一步的確立。

樺山　而且當時沒有所謂的港灣權或治安權，因此這項制度的建立尤其值得矚目。或許應該說，當時已經存在所謂的權力，但那只是指封建軍隊。

在此之前，雖然封建軍隊在領地爭奪中，也有所謂的「權力」，但是，權限僅止於規定民眾可否居住在某處，暫時下達禁止通行令或予以取消，而不具有對疫區人們發號施令的行政權。也就是當時無人具有公權力，當然也缺乏這種觀念。

村上　對啊！因此以另一個角度來看，鼠疫的流行應可說是促使類似現代的公權力，首度具體呈現的原動力。

樺山　隔離政策中最困難的或許就是都會區的問題，對此，「公權力」首先能夠透過交通封鎖發揮功能。當時所謂的公權力，除了擴張領地的軍事力量之外，還包括道路的管理維護、貨幣的鑄造、度量衡的訂定等等。後者可說是公權力的三大基本要項。

其中，尤以包含封鎖在內的道路管理權，要算是這項公權力固有而且是最大的機能。因此將疫區的患者隔離，或是隔離健康者以避免感染，這些相關措施儘管無法證實在十四、五世紀時確實已經完全建立，但是至少當時人們已經確實明白藉由道路封鎖可以遏止流行。這種模式的確立，或許可說是中世紀末，公權力得以穩定發展的主要因素。

村上　當時的隔離方法中最特別的是，認為只要躲在監獄就沒事了。因此出現了自願入獄的特殊現象。但是反過來說，一旦監獄裡發生疫情，便無人能逃過病魔的手掌，到底那一種方法較好呢？真是傷腦筋（笑）。

樺山　最近日本的瀨戶內海有人為避免被鯊魚侵襲，因此將自己關在柵欄裡，這倒有些類似（笑）。

如此看來，由於疫情的控制，必須掌握交通體系，因而促使所謂「權力」的形成。現代國家的軍事力量、財政力量等，在現代人的眼中都是稀鬆平常的制度，但是在十四、五世紀的中世紀時代，這些制度都還不存在。

中世紀時，雖然已有封建軍隊，但是和現代的國民軍不同；而當時雖然也需要年年繳稅，但是仍不屬於一般租稅。在這種時代之中，當時的人是憑甚麼體會到，權力的掌握可以建立在交通的管理上？當然這絕非一蹴可幾，想必是經過一番摸索。

村上　這應該是基於「有益公眾」的觀念吧？道路封鎖等並不是光憑當權者的好惡就能完成，必須具有說服力。

而另一方面，這也呼應了當時「災厄是外來的」的觀念。災厄並非出自本身，或是自己身處的社會，這種責任轉嫁的心態，不難想見。

尋找代罪羔羊便成為當時的一種發洩管道，鼠疫肆虐時期，因而出現了虐殺猶太人的慘劇。這主要是當時謠傳，猶太人為消滅基督教徒，故意在井中下毒，因而引發報復行為。

樺山　這是鼠疫第五、六次爆發時（一三九〇年）發生的事情。

村上　對，剛才談到的「西班牙型感冒」或許還不到這種程度，但是就梅毒而言，命名方式雖說是為表示其病源地，但是卻刻意強調疾病並非發自內部，一種排外意識非常明顯。

樺山　這似乎也透露著沙文主義的思想。同時這種心態和十九世紀後所興起的細菌學觀點，兩者之間有某種雷同之處。

換句話說，後者的出發點在於強調，人類的身體原本是健康而安全的，不曾帶有疾病的因素，由於外來細菌的侵入，才會罹患疾病。這或許是得自經驗的累積，但是不可否認的，在十九世紀生化科技的推波助瀾下，這種觀點一點都不曾受到懷疑。

總之，人類自認處在一種無垢、純淨的狀態，由於外來的細菌入侵，所以才會引發疾病，這整個的認知架構建立在所謂「自我的內部」和「外部」間的關係。而「來自美國或中亞等外部」的想法，和「外在物質侵入人類固有的中央系統」，這些解釋和上述的認知架構不謀而合。

衛生學的興衰

村上　因此，以外來的病源為目標，認為只要設法將其克服，便能解決問題，這種構想到底是福是禍呢？抗生素問世之後，這種觀念更為盛行。一般人常會用魔彈來形容抗生素治療，換句話說，只要消滅外來的惡魔，便能克盡全功。也從此醞釀了一種神話信仰。因此在發現抗生素後的五〇年代～七〇年代之間，人們確信這便是病魔的最佳剋星。

剛才樺山先生提到的是病原微生物學，而衛生學觀念則是在病源微生物學興起前不久被提出。以結核病為例，這是由於當時正當工業革命時期，勞工被迫在惡劣的工作環境之下，日以繼夜的工作，過度被剝削所致。就某種意義而言，結核病的起因來自於工業社會，因此是一種工業社會特有的疾病。

對此，當時醫師之間便清楚的將其認定為「大眾衛生學」，「如果不改善勞動條件及工作環境，病情將無法控制」這種觀念由此形成。

正在此時，「病原微生物學」蔚然形成。如此一來，「終究是外來因素所致」，無關乎生活條件，這都是外來的惡劣因素所導致的結果，只要杜絕這些因素的入侵，問題就可迎刃而解等觀念，霎時成為社會主流。

樺山　沒錯。十八世紀至十九世紀，短短的一世紀間，同時興起了產業革命和都市革命，這兩項都是豐富社會資源非常重要的條件，但是也相對的促使疾病和傳染病的發生。因此，只要改變社會整體的生活條件，應可達到疾病預防的效果，在此認知之下，「公眾衛生學」一時蔚為風潮。

此時，有關上下水道的改善、換氣設備等，累積了相當豐富的意見。但是就當公眾衛生學即將得到某種結果時，半路殺出了細菌學。

村上　這實在非常的諷刺。

樺山　沒錯，其實細菌的發現可說只是一種巧合。這原本是因為當時孕婦間常為一種名為產褥熱的疾病所苦，就在謀求對策的臨床實驗中（用石灰氧消毒，產褥熱幾乎都可以預防），引發了細菌學研究的風潮。有關論點是由著名的聖梅懷斯醫師在威尼斯首先提出。而在短短不到二、三十年的期間，產生了非常戲劇化的轉變。

而且有趣的是，十九世紀後期，可說是全球殖民化運動的鼎盛階段。因此原本只局限於某些地方的所謂風土病，便快速地被傳播到世界各地。瘧疾、赤痢和斑疹便是最典型的例子。南亞、東南亞原有的病原體，輕易地便被傳到國外。

赤痢就是一個典型的例子。當病原體存在原先的東南亞或南亞地區時，並不是如此嚴重而致命性的傳染病。但是隨著英國將領土擴張至印度，或是法國在中南半島實施殖民化運動，就在殖民運動熱潮中，這些病原體被傳到了歐洲乃至世界各國。結果，除了原本就有的天花或破傷風等疾病之外，又陸續發現了多種病原菌。而這些病源菌的發現和殖民潮在時間上剛好重疊。

村上　而抗生素便是在這種最緊急的狀態下，即時問世（笑）。因此，人們也十分自負的認為，對於克制外來的物質（細菌），我們已經掌握了有效的祕密武器。由這段歷史的過程看來，出現多種既諷刺又戲劇化的轉變。

醫院的現況

村上　目前，內部感染（以ＭＲＳＡ為主）是醫院內非常棘手的問題之一，這或許可說比愛滋病更令人膽顫心寒。因為，站在醫療前線的人隨時會面臨感染致命性疾病的威脅，簡直是難以置信。前幾天的新聞中有這樣一段報導，某家醫院要求全體醫療工作人員在進出病房時，要徹底將手消毒乾淨，結果使得院內感染案例快速下降。

院內感染之所以演變到這種程度，這主要是由於，現代醫療以抗生素為對抗外來病菌的手段，而且更進一部開發抗菌範圍更廣的新抗生素，認為就如發射散彈槍一樣，以僥倖的心態寄望能使疾病獲得控制。就在這種心態下，醫療人員對於消毒鬆懈心防。這也是促使ＭＲＳＡ在病房中滋長、橫行的主要因之一。

換句話說，經由病原微生物學的發現，使人們了解了「傳染」的機制，同時也明白應該對症下藥。相對地，這項發現本身也起了反效果，那就是使得醫院內部感染更加惡化。

樺山　醫院是組合種種構想所形成的社會性機構。隔離有病原體的帶菌者，當然也是其設立目的之一。這在十四世紀鼠疫流行期間就曾出現過，不過當時也不僅是賦予醫院這項功能而已。當時的所謂治療院，未必只為了隔離。

例如，同時也有些設施是為收容老人和孤兒，彷彿是一種安養中心。原本到安養中心的目的是養精蓄銳，而不是為隔離帶菌者。但是由於真正的帶菌者也被送入同樣的機構，使得其他健康的人，反而受到病原體的感染。

在今天的醫院中，許多原本不需要隔離治療的人，也都被送進了醫院。其實這些患者如果在醫院以外的其他設施，應該可以獲得更充分的照顧，不加區別的都送進同樣的醫院，反而很容易引起不必要的問題。

村上　的確如此。在我們的年代，新生兒都是由產婆在家中接生，即使是死也是在自家中嚥下最後一口氣。

但是今天的人們，不論生或死都是掌控在醫院手中。原本醫院這種地方，不應該如此輕易進入才是啊（笑）。醫院似乎被當成是一種緊急避難所。醫院的設立不夠嚴謹，再加上醫院原有的弊端，才會使問題孳生。

樺山　這種具有傳染危險性的地方，為何會有人喜歡進去呢？

村上　說的也是。

樺山　當然社會上也是處處都有感染傳染病的可能，但是醫院中不僅有患者，同時也存在帶菌者，所以危險性更高。

村上　對，醫院的候診室成為老人的社交場所，這又代表甚麼意義呢？總覺得應該為老年人設置專屬的聚會場所，或是安排其他適當的休閒場所。例如，過去日本的理髮廳或公共澡堂便具有這種功能。

樺山　但是醫院原本就有施療院，以及休養中心的意味，未必只是實施醫療行為的地方。

醫院同時也應該是保護老人或孤兒的地方，應該可以是一種人際關係交流的場所。說來或許諷刺意味很濃，現在醫院候診室簡直就像是過去的安養中心（笑）。

村上　過去有種專為隔離之用的設施，聽來或許有些刺耳，日本稱之為避病院，主要是收容一些法定傳染病患者。但是現在完全不分青紅皂白，完全混在一起。這由醫院的發展史來看，實在是一種相當有趣的現象。

另外一點，過去有所謂「施療院」的設施，對於設施裡的病患，醫師幾乎可以為所欲為，甚至淪為人體實驗的場所，十九世紀歐洲各地，便有許多醫師進行這種工作。

樺山　雖然沒有任何成文規定，但是只要一進入醫院，患者和醫師間的關係便自然形成。醫院、學校、教堂都一樣，這三個團體之中並沒有所謂主顧間平衡對等的關係。的確患者是付費接受診療，獲得平等對待原應該是非常理所當然的事，但是事實卻不然。

為甚麼醫師至今還是穿白色制服？我認為並沒有穿制服的必要。因為，一般都聲稱是基於衛生因素，果真如此，只要將各自身上的白襯衫清洗乾淨，穿著清潔就可以了，為甚麼要執著穿制服呢？事實上，這是因為制服是一種權威的象徵，這就如同和尚總是法衣纏身一樣。

村上　診療室內，醫師坐的是非常氣派的椅子，而患者總是被安排坐在可以回轉的圓凳子上。我覺得，如此的空間安排，正是醫師和患者關係的一種表徵。

因此部分的小兒科醫師絕對不穿白制服，就只著一般便服應診，同時姿勢也放低到小朋友（患者）的視線之下，這真是明智的作法。

樺山　總之，醫師代表一種聖職。而聖職者身著制服，這與其說是防止感染，不如說是為了確立自己的身份，是一種權威的表徵，因此穿制服才會形成一種傳統。在歐洲醫師被視為是一種聖職工作者，不論是教師或學生，唯有在聖職錄中有登錄者才能進入大學。

愛滋為「性病」

村上　愛滋和一般病原體最大的不同在於，它能掌控人類的免疫系統。以某種角度來看，愛滋細胞在體內就彷彿是司令官一般，而且會直接就近攻擊人體，和人類間形成奇妙的攻防戰。因此，愛滋病原體進入人體就意味著死亡。

樺山　這是最容易引起誤解的地方，其實人體並非因為愛滋病本身而死亡。

村上　對，是因為愛滋的影響，原本人體內無害的基本細胞，突然開始病變（機會主義感染症）。加里尼肺炎、卡波西肉瘤都是這類的病症之一。也就是，原本人體內相安無事的細胞開始互相殘殺。

就感染機制而言，並非外來的感染直接擊潰寄宿主體，這和目前為止我們了解的病原體有所不同。

樺山　發現愛滋的歷史仍然很短，至今仍然有很多疑點不得其解，但是似乎可以確定的是，愛滋病毒本身的進化（遺傳因子的結構變化）非常快速。因此，就算疫苗或血清很快的能以某種形態問世，但是相對的，預測很可能立刻就會有其他抗藥性的愛滋病毒繼續登場。而這種病毒的特徵又會和目前的不同。

村上　沒錯，這點也不同。

樺山　各種病原體中，以流行性感冒為例，目前大約有四十~五十種，但並非原本就有這麼多，原先應該只有少數幾種，而這幾十年之間，在各地區隨著寄居的人類，完成生物進化，或是突然發生基因突變，因而增加到今日的數量。事實上，愛滋病毒的進化速度遠高於此。

村上　這項特點，與其說是不易掌握，不如說是不容易找到對策。

以現況來說，例如在器官移植時投用抑制免疫的藥物，病人免疫力將會降低，形成機會主義感染。換句話說，器官移植時，與其是擔心手術本身失敗，最重要的毋寧是如何避免因免疫抑制劑的使用，造成機會主義感染。這種說法或許很對不起積極推動器官移植的人士，但是我還是認為，器官移植就彷彿是製造出某種愛滋病的狀態。

樺山　完全沒有錯。

村上　患者往往需要繼續服用免疫抑制劑。如此一來，儘管移植過程中已經是竭盡心力，但手術後仍必須一直追蹤管理，有時甚且必須住進無菌室內。事實上，有些病童就必須一直留在無菌室，否則無法存活。

愛滋病不知是否也可用這種無菌室方法？但是問題在於，如果終身無法離開無菌室，這對患者又有何意義呢？我覺得這似乎很具有現代象徵意義。

樺山　據說愛滋一旦病發就藥石罔效，但是似乎發病前的潛伏期相當長。最近出現一種猛暴型愛滋，在短時間之內就會發病，不然一般都會潛伏十年左右。過去的痲瘋病便是如此，不像鼠疫般幾天之內就有反應，因此要說明發病的機制十分困難。自發現愛滋病以來，至今只有十年左右的歷史，因此整個病情的狀態仍然無法掌握，而且往後可能還需要相當多年的時間。

村上　至於發病率方面，由於發現歷史仍然很短，所以有關幾年後，有幾個百分點的發病率等，數據資料非常有限。說不定是高達百分之百。感染愛滋之後，到受其他因素影響引發免疫系統不全而死亡，會經歷多長的時間，目前的統計數據仍然不夠。

此外，聽說最近出現了感染後幾個月內就會身亡的猛暴型愛滋，因此，今後愛滋也會出現其他許多類型吧？

樺山　當初，愛滋的感染途徑有血液製劑和同性戀二種。但是現在異性之間的感染也是非常普遍。因此認為只要剔除某種特定因素，就能確保安全的時代已經過去了。

但是相對的，被蚊子叮到就擔心是否前一個被叮的人也是愛滋帶原者，抓著車內吊環也害怕會感染愛滋，這種過於杞人憂天的現象也確實出現了。

村上　我啊，倒是認為愛滋應該可以很單純地以「性病」的觀點去看待它。當然初期也有很多因為血液製劑感染的不幸例子，但是基本上如果可以從「性病」的觀點著手，應該不失是一種健全的對應方法。

樺山　對，說是「性病」，較不容易引起誤解，因此也可說是較健全的觀點。由於是一種性病，因此若要避免因性接觸而發生傳染，這當然只有從性的角度切入。因此我們要有種認識，也就是，只要能由性行為採取防範措施，大致應該沒問題。

如此一來，「蚊子是愛滋的傳染媒介，所以必須全面撲滅蚊子」，「吊環有傳染的嫌疑，所以必須要消毒」，這些無謂的擔憂和措施就可以避免。當然，除了性行為之外，仍有感染的可能，但是那畢竟是少數，因此基本上仍應將防禦重心放在性行為上。

村上 沒錯，此外就是同一針筒輪流施打禁藥的情形。而性行為方面，最初仍開始於同性戀者之間，個人的觀點姑且不論，畢竟男性之間沒有可以從事性交的基本架構，因此比一般性行為容易受傷。而愛滋病毒經由傷口流入血液之中，形成致命的傳染。

或許現在的年輕人沒聽過，過去有一種叫「淋性結膜炎」的病。以前，當我們還小時經常會被告誡，在公共澡堂裡，必須避免別人的水花濺到自己的眼中，女孩子在跨越澡盆時，要注意不能接觸邊緣。「淋性結膜炎」其實就是一種淋病，即使不是性行為，日常生活中也必須隨時注意。

因此以愛滋而言，像不能共用刮鬍刀或牙刷等，日常生活當中，衛生層面仍然不能疏忽。不過顯然地，愛滋並不會因為觸摸吊環就會感染。而梅毒也是性病，因此也不至有影響。不過，這或許仍會助長對某些特定對象的差別待遇，但是就如剛才所提到的一樣，日常生活細節依然不可馬虎。

愛滋的生活感覺

樺山　目前為止，為何愛滋在日本的病例偏低，其中應該有許多原因。以宏觀角度來看，島國也是因素之一。此外，我們日本人在一般日常生活當中，有某種固定的衛生意識。這點應該也不能排除在原因之外。或許不僅是愛滋而已，對於其他種種傳染病，也是因同樣方法安然度過也說不定。

自江戶時代以來，日本的流行病就相對較少。不只是空氣污染而已，包括皮膚接觸傳染在內，都較少有流行或蔓延的現象。而根本原因就是，例如洗手，或像剛才村上先生所說一樣，到公共澡堂時的種種，一些細微的注意事項，已經和我們的日常生活溶為一體。

我也是從小就不斷受到告誡，不要讓髒水噴進眼中，不要用手搓揉眼睛。如此的習慣累積，使得流行病較難侵入日本人的生活。這套方法對於愛滋的防禦是否有效，仍然不得而知，但是最少對於和愛滋一樣同屬於流行病的其他疾病，這是非常有效的。

村上　我也同意。

樺山　個人的性行為是無法管制的，更何況是要其避免和他人接觸。例如，在客滿的電車裡，當然無法避免和他人有肌膚接觸，不過一般日本人回家後都有漱口、洗手的習慣。

然而歐洲人就未必如此了。穿鞋進入室內，或是直接就上床，以公眾衛生的觀點看來，實在無法認同。外出歸來一定要更換衣服，這是日本人一種「內」與「外」意識所形成的生活感覺，而不是真的因為公眾衛生的需要，但是這些生活感覺的累積結果，卻對於傳染病發揮極大的防禦功能。

村上 但是也未必是剛才提到的醫院內部感染的問題，總覺得過去日本社會結構中，這種習以為常的生活，現在似乎日益疏忽了。當然這種行為本身和排外心態一樣，是發自日本人的潛意識。

例如，錢在眾人之間流動，因此接觸錢後一定要洗手，從小家長就教導小孩不可模仿舔口水數錢的方法，這些日常習慣都被視為是基本教養。但是現在已經逐漸為人所淡忘。

樺山 的確如此。例如一般日本家庭，每個人都有其專用的碗、筷，當然毛巾也不會共用。但是世界上有許多民族，不論是碗盤、刀叉，都是不分彼此，當然沒有所謂「媽媽的調羹」，而且經常是全家共用毛巾。

當然日本也未必是因為基於公眾衛生，所以制訂這種規範，而是地理關係，溫度、濕度都偏高，因此基於長久的生活體驗，知道這是必要的措施。但是這一切已經逐漸消失，還是令人頗為擔憂。

江戶時代，首都江戶的人口密度如此之高，想必衛生條件應該相當惡劣，但是卻鮮有流行病的發生，其原因到底何在呢？希望大家一同來思考這個問題。當然也可能是因為國外很難傳入，而內部雖然也曾發生小規模的流行性感冒，但是很少有大量死亡的情形。即使是多戶同居的「長屋」型建築，日常生活中也有一定的防禦措施。

村上　當然，要抗拒愛滋必須要有一套直接的防禦措施，只是借重日本古人的智慧，仍然不夠。

樺山　愛滋的確是恐怖的疾病，但是更令人憂心的是過度強調它的可怕，使得我們人體對於疾病原有的抵抗能力受到遺忘、扭曲。此外，因為來自愛滋的恐懼心理，使得人際關係因而疏離，也是非常值得憂慮。事實上，在在顯示有許多現象都是反應過度。

對於愛滋的防禦方法，或許只有仰賴生化科學研究，也或許有一天終究會有成果。但是我們也不能不以此自我警惕，應該做的事也絕不可疏忽。今後除了愛滋之外，還有許多其他的疾病會繼續侵擾我們的生活，因此在日常生活當中，確實做好個人衛生習慣，那麼即使任何疾病侵入，也應該不至如此驚慌恐懼。

村上　目前能威脅我們生命的，主要有癌症、心臟病或循環器官性疾病，再者就是意外事故。

另外人類壽命延長的結果，也使得成人病開始成為問題的焦點。

樺山　過去往往在罹患成人病之前就已經死亡。

村上　對，由於壽命大幅度提升，因此罹患成人病，以某種角度來看，也是一種莫可奈何的結果。原本成人病就是經年累月累積的結果。但是如今又出現了愛滋，使得我們必須再一度思考，何謂疾病？成人病據說和遺傳因子之間有種種複雜的關係，隨著年齡的增長，而日益凸顯。由於成人病的特質是如此，而流行病則是受到外來物質影響所致，兩者在本質上完全不同。

因此，愛滋並不只是單純的成人病，這點值得我們重新認識。也就是，愛滋是不同於成人病的「疾病」，同時也是現代醫療無能為力的「疾病」，這顯示，今後醫學界仍需要相當的努力。

樺山　或許愛滋仍不是醫療界最終奮鬥的目標。

村上　沒錯。

二十一世紀的醫療目標

熊本悅明、宗像恆次

等待醫療到主動醫療

村上　本座談會的主題是二十一世紀的醫療目標——徹底人性化醫療，今天很榮幸請到的主講者有札幌大學的熊本悅明大夫和筑坡大學的宗像恆次大夫，由我擔任司儀。

首先，請兩位主講者先就自己的專業領域，為我們概略地介紹一下。先請熊本大夫發言。

熊本　各位好，我是熊本，目前擔任泌尿科外科醫師的職務。所謂的泌尿科除了泌尿器官之外，主要醫療對象還包括男性性器官，也可說比較偏重男性內科的領域。我對於男性相關科學也非常有興趣，而我也一向主張男性科學的角度為人類做整體診斷。今年的六月，我有幸參加在札幌召開的日本泌尿科科學總會，會中針對「何謂二十一世紀的醫療目標」的主題，與會來賓有非常熱烈的討論。當時便談到，未來二十一世紀醫療的發展動向之一是，對於有病在身者，應該做整體的考量之後才給予適當的處理。我想這也是今天受邀來此參加的主要原因吧?因此，接下來，我想為各位介紹當時討論的主題和內容。

村上 如此說來，今天的座談就以熊本大夫剛才提出的主題為核心吧！順便想請教一個問題，醫療領域有所謂婦科，是否也有男性專科呢？

熊本 目前為止並沒有男性專科的名稱，業界稱之為「andrology」（男性生殖器病學），但是一般人對這個名詞比較陌生，因此剛才我才稱之為男性科學。但是提到男性科學的話，或許很容易聯想到社會科學，誤以為是相對於女性科學，因此又加上臨床兩字，如果說臨床男性科學的話，想必便能了解是和男性有關的醫療範疇，因此一般我對外都稱之為臨床男性科學。

村上 接下來請筑坡大學的宗像大夫發言。

宗像 我的專長是保健社會學和醫療心理學，在大學教的是健康管理學。主要的教學觀點在於，由行動科學的角度來思考健康問題。除了大學之外，我在其他醫學系、護理系、或牙醫系，針對醫師、護士、牙醫師等教授通試課程或專門科目。

首先想先介紹一下，我從事這項研究的背景。過去在醫院不斷針對患者做面對面的調查訪問發現，醫院內，絕大多數都只就病情治療，表象的病徵治癒後就算完成任務。因此查閱病歷便會發現，相同的健康問題總是重複出現，有時甚且是越演越烈。由此可見，院方的醫療無法完全遏止同樣問題再發，因此對醫院頗有種無力感。也因此我認為，是不是必須進一步針對患者的生活模式做整體考量，才能真正達到疾病治療與預防的目的？

正巧最近保健醫療領域中，所謂行動科學一門相當發達，因此大約在六年前，我便和同伴一同組織「日本保健醫療行動科學學會」。經由保健或醫療領域的行動科學，換句話說就是以人類整體為對象，進行醫療活動。本學會活動的主要目標便在於引進或開發相關科學。

村上　各位好，今天由我擔任司儀的工作，本人目前在服務單位負責科學技術倫理的課程。

所謂的醫師倫理，屬於職業道德之一，人類對其探討由來已久，至少在西波克拉提斯醫師的時代便已經存在。但是問題在於如果以科學技術者自居時，醫師的職業道德又如何？此外便是和一般社會倫理之間，應該如何配合的問題，基於對醫學的關心，我想針對上述幾個問題發言。

剛才兩位大夫也幾次提到整體性醫療（全人式）的用詞。早在十九世紀，歐洲便曾流傳一種說法，西方醫學雖然可以治療疾病，但是有時反倒對患者形成一種謀殺，或說患者未必因此得福。熊本大夫，您的專門是泌尿相關器官，您對於全人式醫療有何看法？

熊本　您剛才提到所謂的器官醫學，這是醫學中最基本的一環，同時擁有器官的人類，對於疾病到底有何反應？這也是現在矚目的焦點。不是治療好器官上的疾病便是治病，而是當事者對自己病情的調適狀況、心理上或是實際的生活形態如何、如何回復到自然的健康狀態等，這些都是未來醫療必須思考的課題，也因此才有全人式醫療的用語出現。

最近經常會出現生活品質（ＱＯＬ）的用詞，ＱＯＬ其實就是全人式治療非常重要的一環。目前為止，所謂ＱＯＬ的概念僅止於特別情況，例如說，對於癌症的末期患者，如何透過安寧機構使其受到妥善的照顧，這也是這個用詞流行的主要因素。但是漸漸的ＱＯＬ已經不在局限是癌症患者。手術患者或是一般疾病患者本身，乃至這些患者對於該疾病的適應狀況，以及如何提升其生活品質等，都是目前ＱＯＬ關心的重點。除此之外，儘管表面上過著日常生活，但其實身體多少有些狀況的人，也就是所謂「次健康的人」，如何積極給予治療，如何提升其生活品質也都應該納入ＱＯＬ的範疇。總而言之，今日醫學的視野，已經從原本的某些特殊團體，擴大到常人的生活之中，而一般也認為這應該是未來二十一世紀醫學的發展目標。

村上　就是這樣啊，不僅是從防疫學、福利角度著手。

熊本　沒錯。舉一個例子來說，最近婦女的尿失禁問題經常被引為社會話題。當事人過著日常生活，乍看之下似乎一切正常，但事實上卻有尿失禁的隱疾。但是往往因為難以啟齒，所以總是一個人暗自苦惱。我們要設法找出這些患者，給予治療。至於性的問題，男性的性能力往往隨著年齡遞增而日益走下坡。男人到了更年期，在大量外來的壓力之下，很多人都會出現力不從心的現象。像這類的男性困擾，也要為他們尋求治療途徑。

對於上述例子，目前為止我們都很少去探討，而今後要擴大醫學領域，應該將這些問題也都納入探討，我認為這才是未來醫學的發展模式。經常有人這麼說，過去醫院是「等待醫療」，而未來是主動出擊。所謂「次健康」的說法不知是否恰當，也就是似乎不到求醫的程度，但是卻有一些健康上的困擾，對於這些人要主動給予治療，也就是所謂的「主動醫療」。我認為這是未來醫學領域擴展的方向。這或許和全人式醫療的本質有些出入，但是包括這些範疇在內，使得全人類的生活品質得以提升，這應該才是未來醫學的主要發展途徑。

村上　宗像大夫，高齡化社會的到來應該也是一項重點。由於年齡逐漸增加的結果，雖然也不能要求百分之百的健康，但是出現健康狀況異常的比率確實會增加。如此一來，剛才熊本大夫所提的，由醫方主動出擊的醫療模式也是不可或缺，對此您有何看法？

宗像　我認為有幾個論點，先讓我整理一下。首先是ＱＯＬ的問題，當我七〇年代到美國的時候，當地已經開始了ＱＯＬ的研究。每個時代的服務性社會發展程度，往往是和各種資訊媒體的推動得力與否有密切的關係。而社會的資訊化、服務化，美國和日本之間幾乎有二十年的落差，也就是早在日本提出ＱＯＬ觀念之前，美國就已經推行了二十年。美國將患者稱為顧客，意思就是必須像考慮消費者的多元化需求一樣，來因應患者。唯有在此觀念下，才會重視患者，也就是消費者的生活品質。這主要在資訊媒體的推動下，服務化的社會才能夠真正到來，同時我們也要賦予高度的期許。也可以說這是現在的一種潮流趨勢。

當然其中還涉及健康的概念問題。以往對健康的理解是，沒生病、也沒有任何宿疾，這就是健康。但是如今是高齡化社會，如果包括蛀齒、牙周病或皮膚病等在內，幾乎所有的人都存在一些障礙。而障礙，雖然不是疾病，但其實也不是一種健康的狀態，會有精神上的負擔。隨著高齡化的發展，人類面對的障礙越多，對於精神健康不免有不良的影響，因此過去沒有疾病所以健康的這種觀念，已經不再適用。

此外，不僅是醫院內部，如何拓展地方醫療也是「主動醫療」的重要項目之一。這點不容我們忽視，剛才熊本大夫似乎也略微提到。醫師如果顧慮太過周到，說得難聽點，有時候會變成一種多管閒事。患者的看法如何、抱持什麼樣的價值觀等，其實有很多是超越醫師的理解範圍。如果不好好和患者溝通，只是一意孤行，口口聲聲宣稱這是基於QOL，或是為了提升醫療品質，其實這都是毫無意義的。因此我腦裡浮現一個問題，那就是，其實關心過度有時也會造成對患者生活品質的不尊重。必須強調的是，不是由醫師片面式的決定，而是必須尊重患者的價值觀，再做明確的判斷。

為能明確掌握患者的意識，因此現在有所謂的告知權，當然其間還涉及是否將訊息完整提供給患者的問題，這點我想請教熊本大夫的意見。

何謂ＱＯＬ

村上　熊本大夫您認為如何呢？說得極端些，這或許是一種「多管閒事」的行為，您對此有何高見？

熊本　或許有人的確這麼認為。我們只是主張多方聽取意見，將一般不太願意談到的問題找出，然後主動給予照應，因此稱之為「主動醫療」。而不是您所說的，對於患者本身不希望的醫治都予以干涉。因為如果一次談的範圍太大，擔心會使各位感到混亂。既然如此，那麼我就以從事泌尿科臨床醫療的角度，從頭說明一下，為何需要強調全人式醫療，為何需要主動上街協助患者的觀點。

　如果以男性專科的立場來看，就不免會牽涉到性的問題。例如，如果將受到癌細胞感染的膀胱完全予以摘除，或是作直腸癌切除，如此一來骨盤內的神經會受到極度重創，患者將出現陽萎現象。而目前醫學的一般看法是，只要能治好癌症，即使陽萎又何妨。

　但是事實上，即使完全將癌細胞清除，有些人需要很長時間復原，而有些人即使出院回家，也不能和太太發生性關係。關於性的存在意義，有多種不同的詮釋角度。以繁殖後代的目的來說，性行為被認為是神對於人類養育後代的一種回饋；而另一種說法則是，性是源自人類對於肌膚之親的需求，這對於高齡者而言尤其重要。如果失去性能力，便喪失了夫妻間肉體溫存的機會。如果只限於握手或把茶談天的朋友，人類的human relation是不夠完滿的，畢竟沒有性關係是無法達到心靈的契合。

對於這些患者可採用人工陰莖的方式治療，雖然感覺上不是完全恢復，但是還算勉強可以完成性關係。恢復性功能，重新開始性生活，這對於患者而言有很大的精神安定作用，患者也可因此安心地充實手術後復原的生活。這種例子並不少見。

最近聽說，自復健中心回家後的腦中風患者，對於其生活是否恢復正常的評估重點，主要就是以能否恢復夫婦間的性生活為基準。我曾聽實際負責的醫師談起，如果患者因此而陽萎，夫婦關係不協調，無法感受彼此的溫存時，那麼患者的復健工作就很有問題。如此說來，應可說人類是透過性關係，維繫夫婦應有的生活模式，並且藉此維繫人際關係。因此，除了針對疾病的診療之外，再關注到患者的性需求，給予一些附加治療，這正是一種全人式醫療。我認為醫療也不能疏忽病人的性生活。

再進一步說，高血壓患者服用抗壓劑時會引起陽萎，其實也有可以稍微緩和陽萎的藥物，但是一般醫師認為只要血壓正常，即使陽萎也無妨。但是在國外，造成陽萎是大問題，醫師總是再三更換其他藥品，以避免患者有此現象。在日本現在也漸漸形成一種趨勢，不僅是對高血壓患者而已，對於任何醫療行為都以全人式為考量，逐漸擴展之下，即使對於不到醫院的患者，也就是「次健康者」，也開始給予關懷，主動為其治療。此時並不是如宗像大夫所說的，「你應該有這種問題，讓我們為你治療吧」的好管閒事型醫療，而是去了解患者的隱疾。其實不只是日本而已，其他國外的民眾也有這種現象，讓原本羞於啟齒的問題能夠主動提出，然後再對症給予治療，我認為這才是全人式治療的真諦。

村上　那麼，宗像大夫，所謂患者的決定權就是醫療本身必須尊重患者的決定，我認為很有道理。日本人一向有過於依賴醫師的傾向，就如剛才熊本大夫所提到的一樣，雖然可能產生陽萎現象但仍決定徹底治療，或是權且服用降壓劑，先解決血壓的問題，當和醫師討論這些問題時，即使患者本身希望保住性能力，卻往往難以啟齒。而這些所謂的「羞於啟齒」的問題，應該是屬於個人因素，若由社會問題的角度切入，這種現象本身可能會有問題。

一般而言，大眾傳播媒體也要負一點責任。例如，對於女性是否應該實施乳房切除，一般難免會議論紛紛的表示，接受癌症廓清手術才是明智的選擇。也許患者本身無論如何仍然希望保住乳房，但患者若要明確的表達自己的心願，仍然需要克服許多障礙。以現況而言，很難有所突破。

宗像　沒錯，目前為止，醫療和個人之間的關係，一向被稱為是醫療行動科學。而站在醫師的立場，總是希望自己的手術能在非常理想、完備的形態下完成。而患者的考量重點則是，在自己的生活條件之下，如何和醫療之間取得平衡。因此兩者的基本觀點落差很大。剛才熊本大夫提到，出發點不在於追求理想的醫療，而是為徹底透視生活。就促進醫療發展的動力而言，這個觀點的確意義深遠，這也正是尊重QOL的本質所在。但是問題在於個人價值觀的不同。有些人擔心復發所以希望徹底切除，有些人則認為，既然復發機率一樣，那麼即使是咽喉癌也不願接受手術。每個人的情況可說是不一而足，因此我認為只能由患者本身下決定。

醫療諮詢的現況

宗像　就像剛才村上先生所說，有些問題本身非常微妙，尤其是關係到性能力的問題，涉及文化因素更是敏感。問題就在於患者，尤其是日本的患者是否會有勇氣說出口。這方面，歐美方面似乎顯得較坦率，而日本的傳統習慣就是凡事要察言觀色，不能暢所欲言。除了日本之外的多民族社會幾乎都比較強調自我意識。

日本在傳統上，言行間總是要彼此察言觀色。因此，日本醫師對於患者照理說應該也會觀察患者的反應，但是，問題就在於是否真的做到，是否有強人所難之處，或是在體貼的名義下，強行推銷自己的善意。醫療行為的面談技術其實是非常困難的，必須確實確認對方的意見。例如設法進一步誘導患者將他心中的難言之隱說出來，然後再以他當天的表情是否自然，以作為判斷的依據。由此可見醫師和病患的面談技術非常重要，但是目前日本的醫學院裡尚沒有這項正式課程，有些醫師表示他們是靠自我訓練。

熊本　的確如此。

村上　這是制度使然吧？

熊本　這的確正是目前醫療界最大的不足。日本醫療體系中，諮詢作業相當不受肯定。例如，有關慢性病患的諮詢，頂多只是在保險給付上多一些點數而已，而長時間辛苦諮商的結果，些微的點數根本是杯水車薪，因此醫師們也就變得不熱中了。除了慢性病之外，其他疾病的諮詢根本完全付之闕如，更何況如現在所談的，要花費很多時間慢慢去了解患者的需求，這種做法完全都不受到肯定。而一般也不肯定這種醫療諮詢的需求，因此相關從業人員也就顯得意興闌珊。同時在教育層面也缺乏具體的制度。但是就如剛才所提到的，目前最重要的是如何和患者溝通，了解他們的需求，由此看來，必須從教育體系根本改革。

宗像　的確。美國在他們的醫學部或是在職進修課程中，經常會錄下和患者間的談話，經過錄影帶放映，彼此揣摩研究。教授也會提供自己面談的錄影帶，當然其中也有很多令人汗顏的失敗例子。一位哈佛大學著名教授就曾出版面談的專書。書中談到，原本面談時，他的速度一向較快，而患者的反應則很慢，因此總出現步調不合的現象，經過錄影帶的觀摩後才得以改善。雖然是專家，也不免有需要改進的地方。

這位教授往後的面談作業，當然大有斬獲，幾乎可比美藝術傑作。可見不斷地彼此觀摩研習非常重要，因此日本即使開始實施醫療諮詢，仍需要這類教育訓練以時時自我督促，否則很難有所進步。

村上　是啊。美國並不太在意所謂的察言觀色，因此可以坦率直言，在彼此溝通間確實解決問題。因此需要醫師以專門技術透過交談引導出結論。

宗像　沒錯。但是其實美國有一種所謂的非口頭溝通(non verbal communication)。對於非語言的眼神表情、臉部表情或手勢，也都非常重視。並非完全透過語言了解。

村上　我聽說過去醫療教育的方法是，診斷患者時，不是從掀開衣服，接上聽診器後才開始。而是從掀開布帘進來，到穿好衣服道謝出去為止，一切都要列入醫療觀察。

熊本　我認為這很有道理。剛才宗像大夫指出，現在日本的醫療過程當中，是否確實做到察言觀色的問題。例如，現在有關死的告知、癌的告知等，都仍有很多爭議的空間。是否可以明確地告訴患者：你已經罹患癌症！目前一般的傾向是儘可能將癌症的事實隱瞞患者。但是每個人面對的處境不同，或許有些人便希望知道實情。但是，目前日本即使是年輕的醫師，也都傾向主張不告訴本人，以免當事人不堪精神負荷。就某種意義而言，這是不尊重個人的行為，醫師只是憑一己的判斷，有越權的嫌疑。

相對於「告知權」的便是完全根據醫師觀察以決定是否將結果告訴當事人，在日本醫療界這種趨勢仍然很強。對於有六、七十年人生歷練的癌症患者，年輕的醫師只憑他個人的觀察，決定是否據實以告，這只能說是醫學的專橫作風。其他也有許多類似的例子，不勝枚舉。因此正確的處置方式應該是明確地告訴患者，由患者的意志來做決定。而這也是未來醫學應該發展的方向。和患者間積極地對話，是非常重要的取向。

今後的健康教育

村上　熊本大夫剛才提到，疾病的根本問題在於器官。假設某種器官出現功能不全的現象時，就利用種種方式加以治療甚且做移植手術，之後，為提升治療效果，又追加許多醫療行為，以達到器官醫療領域中所謂的完美性。如今如果放棄對這種醫療完美性的追求，轉而以患者的ＱＯＬ需求為考量，這對醫師而言應該是很難的抉擇吧？還是只要有心便能完成？

熊本　我想有很多困難。在我們的專門領域中就有這樣的例子。治療攝護腺癌時，多採行抗男性荷爾蒙療法，結果雖然能夠使癌細胞的範圍縮小，但是卻造成陽萎的副作用。因此，醫師必須將始末完全告訴患者。曾經碰到一位患者就因為再娶的妻子仍然很年輕，不願見到陽萎的後果，因此即使性命會因而縮短，也不願接受荷爾蒙治療。當然在此情況之下，站在醫師的立場我們雖極力說服患者，但是最終仍會尊重患者的決定。當然這只是例子之一，其他也有很多患者基於種種因素，最後作同樣的選擇，我們最終都是尊重患者的判斷。

最近就曾傳說，藍夏先生在臨終前就要求停止注射點滴。今後想必在醫療第一線工作者，也會出面積極發言，但是何者是最佳的治療方針，值得奉行不渝，這仍是最大的難題。無論如何最重要的還是要養成和患者充分溝通的習慣，最後的決定權則交給患者。但是如果患者因為知道病情，而有不良反應，或是陷入不可自拔的悲觀情緒，這都不是我們樂意見到的。因此如何建立一個健全的精神體系或是社會風氣，是今後的重要課題。

宗像　這裡又有一個重要問題有待解決。的確在此之前，由於察言觀色的結果，醫師有時會保持緘默。或許，今後癌症告知不再是件困難的事情，有些甚且採取非常機械式的應答。這種現象在美國也不例外。一部日譯名為「晚秋」的美國電影「dad」，就對此大肆批評，認為這是冷漠無情，缺乏人情味的作法。由此可見，這種機械式的告知方式在美國也是不受歡迎的。比較可行的形態是，「有一個不太好的消息……」說完後，默默地看著對方，不管願意與否，當患者面對著你說到，「大夫，我，是癌症嗎？」，其間有一定的對話模式，以及過程。但是有些醫師的答覆仍是非常機械式，而日本也出現這種醫師，其實問題不是只要說出來就可以了。在美國有一些受過專門訓練的護士或社工人員，當患者接受告知之後，心中的創痛或是無法直接告訴醫師的話，都可以向這些工作人員傾訴，並可提出諮詢要求。如果缺少這些訓練有素的工作者，就談不上告知後關照的問題。

熊本　今後在醫療的第一線上，不僅是醫師而已，包括護士或保健人員在內，都必須建立這種諮詢關照體系。

宗像　否則根本無法談告知權，或是告訴患者實際病因。如果硬是將此視為醫師倫理的問題，在制度上無法建立後續照顧體系的話，必定會問題叢生。

熊本　的確，不只是醫師而已，護士也必須從旁協助。

宗像　您說的一點都沒錯。

村上　這是否可稱為團隊醫療，包括醫師周邊的人員在內，必須從整個體系徹底改革。

宗像　沒錯。如果只是受制於醫療倫理而實行告知權，或告訴患者實際的病名，然而卻無法落實後續的關懷照顧，這就談不上是務實的制度。

村上　再回到剛才的話題，宗像大夫剛才的談話中說到，與其接受女性荷爾蒙治療而痊癒，寧願在提早死亡的覺悟下和妻子維持魚水之歡。即使死神會提早降臨仍在所不惜，而做如此的決定，正表示患者有自我抉擇的權利。

宗像　沒錯。如果要說權利的話，這就是權利，這也是告知權最重要的作用。然而換一個角度來看，告知權也不只是一種權利而已。在醫師的告知之下，患者不得不自己作判斷，這也意味著患者必須要思考。但是，以日本的現況而言，患者思考自己健康問題或未來人生方向的機會可以說微乎其微。本質上這正是招致不健康狀態的最大因素。因此，藉由告知權喚醒這種權利意識，因此這也可說是最佳的健康教育機會，或說是提供當事者一個思考人類生存意義的機會。目前為止，一切都是交由醫師決定，但是今後，患者必須自己思考、自行決定。自己的未來操在自己的手中，這可說具有正面意義的健康觀念。我們必須基於這個觀點來思考告知權的意義。

村上　我也認為這點很重要，此外，腦死問題雖然不是今天的討論主題，但這問題也涉及社會共識，或社會認同的問題。一旦獲得社會認可，便會形成一種常規，如此一來雖然問題看似已經解決，事實上，社會的認可即使可以形成一種社會共識，但是每個患者應該如何生活，這和社會認同是不相關的。因此，目前日本的情形似乎一切都取決於社會認可，這是最令人擔憂的。

熊本　問題是除了社會的認可之外，還涉及個人判斷。就像宗像大夫剛才提到的一般，如果患者本身沒有相關知識，或是所知有限，以此作判斷，難免會有判斷錯誤的時候。因此如何普及醫學相關知識，讓一般大眾能夠有深一層了解，這也是未來醫學努力的方向之一。

宗像　有關告知權問題目前一般仍有一點誤解。所謂告知權，就是醫師必須為患者說明直到讓他們本身足以作判斷為止。在美國方面，可就近透過圖書館的電腦系統，查詢最新的醫學相關資訊，也就是由社會環境提供醫學教育機會。日本也必須由厚生省主導，免費提供醫學相關的導覽或小冊子，以提升一般大眾自我判斷、自我決定的能力。

村上　以某種角度而言，患者本身的責任變大了。患者必須親自決定，自行擔負責任。

熊本　當然也還牽涉到宗教問題，還有就是個人的人生觀，總之問題的層面相當廣。

村上　熊本大夫、宗像大夫，謝謝兩位非常寶貴的意見。

注記

本書〈腦死判斷的陷阱〉中也曾提到，所謂的人類，我認為不僅是「感覺體」、「行動體」，同時也是「思考體」。如果只是將其視為器官的集合體，便是對人類最根本的誤解。因此醫療層面才會引進「全人式醫療」的概念，多方探討。所謂的患者並非是「器官故障」的人，而是「承受痛苦，同時也在忍耐痛苦」的人，(英文中的patient，就是直接表示「忍耐」的意思)，在此理解之下，今後的醫療發展應該如何定位?這問題便在「全人式醫療」的啟示下，開始成為大眾關心探討的焦點。「患者承受痛苦、同時也在忍耐痛苦」，其實這原本就是醫療界應有的基本認識，甚且醫療本身就應該建構在這種認知之下。而遲至今日才開始對此有所反省，顯然醫療單位對於這「理所當然」的事情，並未付諸實行。而同時這也反應出，醫療單位已展開自我省思。上述的對話內容，筆者只是以聽眾的身份參與，而由活躍於醫療第一線上的熊本大夫、宗像大夫發言。內容都是寶貴的資料，因此特要求能轉載於此。

(村上記)

安樂死（答覆信箱）

矛盾的生命尊重和個人意志

××先生

有一位醫師，就稱他為A先生吧。A先生是一位開業醫師，平時太太的身體不是很硬朗，同時又有三個在學的子女。一年前A先生就察覺自己消化器官異常，但是由於平時醫務繁忙，因此也沒有請同業檢查，平時就只以藥物暫時自行控制。最後病情惡化，終於由皮膚上也可清楚觸摸到肚內的腫塊，同時也出現通便困難、便血、腹瀉、食慾不振等典型症狀。A先生至此才正視自己的疾病，同時發現自己只剩一年的存活時間。療養一年後可能還是難免一死，而這段期間家人看護的辛勞、收入無著、無效治療所形成的經濟負擔等，在深思熟慮之下，身為醫師的A先生，為自己注射下絕不可能加諸於其他患者的劑量，結束自己的生命。A先生悄悄地將自己的決定付諸實行，而他的家人也在不知情中，獲得解脫（至少以世俗的角度而言是如此）。

之所以有這樣的決定，固然是由於平日目睹患者忍受的巨大痛苦，擔心有朝一日這種劇痛將會降臨自己身上，這種為了逃避痛苦的利己心態或許不無可能。但是不可否認的，這番決定本質上是出自於對家人的愛。對於A先生的行為，有誰能夠責難？當然不是要為其動機找尋合理的解釋，但是A先生以他的一生所作的決定，想必大家應該會給予尊重吧？

但是，大家心裡都明白，A先生之所以能夠將自己的決定付諸實行，這主要是因為A先生是醫師。如果他本身不是醫師，假設患者B有同樣的念頭，想必唯有借助某種不合法的途徑吧？

假設A先生是B先生的主治醫師吧，而B即是那位身染絕症的患者，並且告訴A醫師自己的決定，也就是B只剩一年的時間，因此要求提早結束自己的生命。想必此時A會以醫師的身份，勸B打消念頭吧？即使B要求致死份量的劇藥，想必A醫師也絕對不會應允。在現在的社會之中，B的決定可能是無法受到尊重的。

當然，我不是醫師，假設我在B的立場之下，此時我會有何舉動？說實話，我實在無法預料。我所信奉的宗教認為自戕是一種罪行，嚴厲禁止。神（如果沒有特別信仰，就解釋成

「自然」吧）總是告訴世人，在祂宣布「你已經很努力了，夠了，安心休息吧」之前，不論多大的痛苦，都必須繼續承受。我是個很膽怯的人，自己是否有這份勇氣或鬥志，我可是毫無把握。因此，我希望的是，不論個人所作的最後決定如何，都能夠受到尊重。

上面已經提到，對於B的決定，A醫師是毫無協助的餘地。最近有一個頗受矚目的話題，美國密西根州的一位醫師，給患者「自殺設備」，換句話說，就是有位醫師協助B完成他的決定。

美國聯邦最高法院基於憲法原是同意安樂死的，也就是根據個人的「生存意願」（livingwill），患者可以拒絕接受維繫生命的治療；而密蘇里州的州法院也曾有過對幫助自殺行為判決無罪的判例。儘管如此，密西根州的這個案例以假處分禁止該項「自殺設備」的使用，同時正準備對該醫師提起公訴。十九世紀時，美國曾經一度廢除醫師執照，准許任何人對自己或其家族進行醫治行為，這項實驗可說是一種理想主義，相當令人吃驚。因此即使美國曾經有上述種種特殊前例，但是對於這項「自殺裝置」仍然顯得相當猶豫。

個人的生命價值超越一切，以及個人的意志在不影響別人的前提下，應給予最高的尊重，這兩個前提之間似乎相互矛盾，您以醫師的立場對此有何看法？

村上陽一郎

滿足的生與死

村上陽一郎先生大啟

拜讀您的來信，我突然得到一個啟示：在不幸的年代，我們可以活得很單純，但是在幸福的年代，不思考便無法存活。以前除了結核病之外，各種疾病交相肆虐，外加上戰爭的煎熬，毫不留情地奪去許多年輕的生命，在那個年代裡，人們關心重點只在於如何延長性命。一分或一秒，只要能延長生命便是最大的成就。而今又如何呢？雖然表面如此平靜幸福，但是人們卻必須面對自己死亡方式的抉擇。

看到A先生的處境，不禁想到，是否有朝一日這一切也會降臨自己的頭上？我和A一樣，只是一個平凡的醫師，同時從事精神醫師的工作至今。或許有一天，我也會因為癌症，措手不及地死亡吧？我多少有些認命了。和A不同的是，不接受定期檢查不是因為醫務繁忙，而是懶散的緣故。我將一半的時間用於著作，也就是公然違抗西波克拉提斯誓言的浪蕩醫師。

西波克拉提斯認為，身為醫師的人只要稍微得空就應該鑽研醫學知識，不可心有旁騖。

但是一切我都不在意，只是為避免患者有悔不當初之憾，所以我總是奉勸患者要定期接受防癌檢查。至於我自己則是依然故我。當身體察覺異狀，「糟了，癌終於找上我了」，反應總是相當的誇張，而我的家人也已經習慣我這種騷動。就好像《伊索寓言》中放羊的小孩一樣，有朝一日，即使真的感染癌症，可能家人也會完全不以為意吧？我之所以能夠如此自我嘲諷，這主要是因為自己雖然不入流，但總還是個醫師，必要時，能夠自我了斷。

村上先生信中提到，「有人可以苛責A先生的決定嗎？」毫無疑問的，過去的確如此，但是對於醫師擁有自戕特權這件事，現在不是成為眾人責難的標的嗎？我母親生於二十世紀初，現年九十，沒有學歷背景。當她七十歲時，就對我這個身為醫師的兒子說，拜託，幫我調製無痛死亡的藥劑吧！家母算是相當健康的，都有如此一說。我只是隨口漫應著，直到今日都沒有為她調製。而今，她外出時總是身上帶著便條寫著，如果發現我意識昏迷時，請不要用一些無意義的點滴，勉強維持我的生命。看到母親，我也不禁想要呼籲，請給我死的權利吧！就地成佛，切腹自殺求全名節，或許這是因為我們的體內還流著日本祖先的鮮血所致吧！

可是現在的醫療界完全漠視這種心聲，由醫師掌握一切的生死大權，因此會有植物人患者的存在。但是近幾年來，社會的趨勢有很大的改變。即使是嚴禁自殺的基督教國家也開始主張告知權，而這不是別人，正是醫師團體之間發起的運動。還有就是，即使是癌症也要據實告訴患者，在患者的同意與合作之下，進行醫療作業。對於患者生活內容則稱之為quality of life，開始給予重視。就彷彿生是以死為前提般，死，是架構在生之上。若要能死得滿足，那麼，直到死亡瞬間為止，對於整個生存的過程也必定要感到滿足。一直堅持到神宣佈，「你已經很努力了，好了，安靜休息吧」，對於具有這種美學觀念的人而言，這固然是一種令人滿足的生活模式，但是就如村上先生提到的一般，對於膽怯的人來說，這種模式未必會令他們感到滿意。要求所有的人接受這種悲壯的生存方式，是否合理，我對此感到存疑。我贊成醫師和患者應該相互溝通，彼此尊重。

×××

安樂死制度

××先生

謝謝您的回音。對於您最後提到的生以死為前提，死是架構在生之上，真是心有戚戚焉。

偶爾我會想，人生不是為了死而生的嗎?既然有生，自然難免一死。即使對於死本身難以接受，但是生在無盡的痛苦之中，這不是更殘忍嗎？也許是上了歲數的關係吧，年輕時，充滿理想抱負，當然會覺得人生是為了生存而生存。

就如您所提到的，醫師握有患者的生死大權，這不僅是患者「主觀意識」的問題，同時以被賦予如此重大權限的醫師立場來看，本身也十分有問題。醫師也是一般人，人命的交託，這種責任未免過重了。因此，最重要的應該是如何透過告知權，使得整體的醫療決策能夠在尊重患者自主決定下進行。對醫師而言，尊重患者的自主權，竟然能成為自己規避責任的祕密武器，想必這也是始料未不及的吧？

說實話，決定要給患者生或死，可能只是用以滿足自我內心的權利慾，想必醫師當中，也不無這種人存在吧？

總之，應該接受何種治療，或是否應該放棄治療，決定的權限不僅是在醫師而已，必須是醫師和患者之間，彼此充分了解、確認之下才可進行，這才是應有的取向。或者是，如果醫師和患者之間有深厚的信賴基礎，對於患者希望提早死亡的心願，必要時，應該允許醫師給予協助。

話雖如此，但如果因而草率行事，換句話說，只是儘速修改法律條文，讓人們有自由選擇安樂死的權利，這卻是我不樂意見到的。

尤其是日本社會中，自我意志或決斷，往往都取決於制度或社會規範。既然法律制度、社會習慣都已認可，那麼與其是自己苦思決定，不如交給社會趨勢，一切要來得輕鬆、快速，而這種觀念也正是我的憂心所在。當然，對於自己的生死問題，未必就需要絞盡腦汁苦思，但是也不可因為一般社會已經認可，因此就不再思考，這是有違人類的自主權的。更何況一旦流於形式化，可能會使得社會問題叢生。

為避免安樂死流於虛文，所以我還是懇切的希望，應該由醫師、患者，必要時再配合家屬等相關的人，彼此在深厚的信賴關係之下，祕密會商，私底下進行。難道這是我過於理想化的想法嗎？

如同您在回信的開頭中所提到般，和過去朝不保夕，只為當下而活的時代相比，現在的狀況有很大的改變。或許這樣的探討，對生命而言是過於奢侈了。如蒙賜教，不勝感謝。

村上陽一郎

人類發展的速度

村上陽一郎先生大啟

拜讀您的回函中深深發現，儘管彼此的論述立場不同，但意外的，彼此的意見竟然殊途同歸。我一向喜好爭辯，很慶幸有這一吐為快的機會，因此請容許我再陳述一點不同的意見。關於安樂死，已經逐漸獲得共識，這應該沒有什麼異議了吧！

村上先生在信中提到，「如果醫師和患者間有深厚的信賴基礎，對於患者要求提早死亡的心願，必要時，可允許醫師給予協助」，這和我一向的理念不謀而合。我甚且擔心，自己的觀點，會被村上先生的意見所影響，令我忘記原有的自我。的確，如您所指出的，在此之前並非沒有安樂死，而是在醫師、患者以及其家人，在緊密的人際關係之下，密而不宣而已。換句話說，目前，包括安樂死在內，一些醫療問題之所以會被引為話題，這主要是因為，在醫療第一線上，人與人之間的信賴關係已經瓦解。

讓安樂死合法化，對此問題，至今我都儘量避免碰觸。思考上，我和積極推動的人士非常契合，但至今之所以持保留的態度，主要是因為這問題本身和法律間的有些不相容。我擔心的是，安樂死一旦合法化，是否就會以權利或義務的觀點來看待這個問題。國法不失人情，彼此間或許部分吻合一致，但也難免有背道而馳的地方。安樂死不是只要納入國家法規，准予執行就算了事。而是人人在法律之下，盡其所能謹慎的考量，必要時，即使觸犯國法也在所不惜，實施後必要時再接受第三者的審判。想必村上先生所提到，不願見到草率行事而使其成為僵化的社會制度，意思就在於此吧？

即使訴諸審判，也不希望安樂死這樣的事件，是在國家的名義之下裁決，而是希望能交由擁有存在感的「人」來負責。就算是由法官裁決，也絕不希望是「根據法律第幾條」，而是希望審判者能夠設身處地，假設是我的話，我會如何決定，這種方式才是我所樂見的審判方式。就這點而言，我應該是比村上先生更理想主義吧？但是如果有更多人抱持同樣的想法，那麼即使是難以實現的理想主義，有朝一日或許會出乎意料地實現了。我深信，人類面對死亡的尊嚴，不久的將來必定會受到尊重。

但是就如同等候水果成熟般，像我們這樣，能夠耐心等候時機成熟的人似乎不多見，反倒是，在社會時機尚未成熟時，勉強以強硬手段企圖加以改變的人士相當多。在前一封信中曾經提到，一位美國醫師提供安樂死的裝置給患者的例子。我並不希望強調這樣的例子，因為大眾傳播媒體是公正的，一定會對這個事件持平以論。

這與其說是偶發事件，不如說是有意製造的事件，刻意提出，難免有種挑釁的意味。我希望大眾傳播媒體也能有這種自覺。因為這是揠苗助長的行為，即使要勉強找出結論，也難免是不成熟的。而且一旦判例成立，很可能變成一面倒的局面，因而使我們受到牽制，這是令人憂心的現象。因為牽制的結果必然會招致反彈和抵制。在此時機未成熟之際，有相關事件訴諸審判，是否會因而引起反彈，將實現理想的時機延後十年，想到此不免黯然。

×××

IV 問生、悟死

人生難免一坏黃土

死的兩個極像

死，由兩個極像所形成。

其一是，死亡的必然性，正因為如此，所以這也是相當陳腐的問題。天地間的生命體，既然有生，終將面對的，唯有死。自古以來，無人能夠倖免。我們，遭逢近親的往生、愛犬的亡故、一隻被蹂死的飛蛾，我們身旁燦爛繽紛的鮮花，曾幾何時已經隨風飄落。在我們有生之年，總不斷地目睹、遭逢這類死亡的場面。有生必有死，千古不變的定律，就在我們日常生活當中，時時地提醒我們，因此人們經常有面對死亡的機會。

由此說來，死，是陳腐的，了無新意。

人終將一死，我也將死亡，似乎沒有比這更準確的預言了吧?不，或許正因為是預言太過真確，因此已經不成其為預言。「明天或許是晴天，或許不是晴天」，如此的命題是不具預言資格的，兩者的意義幾乎相同。「我會死亡」，也無法成其為預言。也因此，這個命題是非常陳腐的。

我會死亡，但是，何時呢？

這當然是問題。以某種意義而言，這甚至可說是最重要的問題。但是，即便如此，仍不改死是陳腐的事實。

死亡的另一個極像，應可說是絕對的不可知性。

剛才提到，每一個人，日常生活當中經常面臨各種死亡的場面，儘管如此，一息尚存的我們，無人知道，死亡是什麼。不管歷經多少次他人死亡的經驗，但是，人無法真正體驗死亡。因此，無法知道這是什麼樣的體驗，當然也無法論述這項體驗。

死，在我們的知識範疇中是全然的空白。

但是，世間上有很多雖然無法體驗，卻可以經由了解，甚且對此高談闊論的事情。

精湛的小提琴演奏，卓越的演奏技巧，人們在舞台前感動不已。但是能親自體驗這種技巧性的人可謂寥寥無幾。我也曾多次聆聽其他演奏家的精采演出，但是至今我仍未親身體驗過演奏的感覺。

但是，我了解，有時甚且可以對此說明。

當然，他人與我之間的差異是顯而易見的。不論任何一種演奏，都是完成於生的世界，是生的延長。我笨拙的運指和拉弓法，勉強發出的音樂，這和世界名家，由其手指和樂器的巧妙配合下奏出的音符，兩者之間的差異，自不在話下。但是不可否認的，後者，也就是精湛的演出，其實是前者的一種延伸。就這點而言，我可以自負地說，我體驗過名家演奏。只要生的世界存在，無論是以多麼稀釋的方式，人們總是不斷在累積經驗。

對於死，我們拒絕一切的體驗。死亡經驗的累積、共有，全然空白。既然沒人陳述過死亡，沒有討論死亡的資格，那麼，死，是絕對不真實的，是一個永遠無法填補的空白，唯有謎可以做其解釋。

死，就某種意義而言，是存在於這兩個非常矛盾、緊張的極像之中。一是任何人都明白、絕對真確、甚且已是陳腐論調的死；一是絕對無法了解、絕對不真確、永遠之謎的死，這便是死的兩種矛盾的極像。

我們能談論的，只是第一個極像的範疇。這與其說是死的哲學，不如說是死的科學。至於第二個極像，我們不能談，無法說。充其量，只是對應於永遠之謎的死，由生的角度嘗試說明。總而言之，應可說「死的哲學」是不存在的。

死的人稱問題

想必大家都曾思考過，前述的三種極像，和人稱問題關係密切。第一極像中的死，相當於第三人稱的死。此時死可說和消滅、消失意義完全等同。換句話說，是物理學、生物學、生理學研究的對象，也是必須交由科學處理的現象。

江克雷布在他的著作《死》中談到：第三人稱的死，偶爾也可能適用於我們自身。而這種屬於自我但又是第三人稱的死便是，「脫離個人本位，由概念出發的『我的死亡』」。例如，「死完全無關乎自己，置身於死亡的框架之外，彷彿死亡的問題完全和自己無關」，這就好像是以客觀的角度關照著自己死亡的醫師一樣。對此，江克雷布在書中有非常精彩的比喻說明，「醫師立場超越其本身患者立場的『患者－醫師』」。在現實社會中我們不難想像這種景象。

但是，這種現象並不只限於江克雷布所說的「病患－醫師」，因為會以「第三人稱」看待死亡的並不只是醫師而已。很多情況下，我們都可以客觀的立場來觀察他人的死亡，因此，當我們本身即將死亡的時候，我們也未必不能以客觀的角度來看待自己的死亡。套用江克雷布的說法，「第三人稱立場超越其第一人稱立場的『第一人稱－第三人稱』」，我們不難想像一個人能夠做這種第一人稱—第三人稱的轉移。

只是，江克雷布的論點中有一個破綻，那就是，不論是「醫師立場超越患者立場的『患者—醫師』」，或是「第三人稱立場超越第一人稱立場的『第一人稱—第三人稱』」，事實上，其中「對象的轉換」絕對不是「死」本身。

因此，「病患—醫師」所不斷自我凝視的，其實並非「死」這個對象。毫無疑問的是，生，是快步邁向死亡的生，而即使是瀕臨死亡的生命，我們也無法否認，這絕對不等於「死」本身。相對的，對於真正所謂第三人稱的死，我們所看到的不僅是快步邁向死亡的生，包括真正的死亡本身，我們都可以確實看到。就這點而言，不論是任何一個「病患—醫師」，或是非常達觀、可以從容面對死的「第一人稱—第三人稱」，都是無法將自己的死完全以第三人稱來看待。

因此，死，出現在我們眼前的，經常是以第三人稱的立場。

果真如此，顯然可見，其中隱含著，死是無法當成第一人稱所有格的目的語。

當然在此「時態」也是個問題。對第三人稱而言，「他死了」、「他死」、「他會死吧」，顯然任何一種時態都適用。相對的，「我死了」、「我死」、「我會死吧」，各種時態中，完全適用的只有未來式而已。日文中的「我會死」應該是相當可行的用法，但是除非是在忘我境界中的感歎詞外，嚴格地說，應該是「有朝一日我會死」、或「我不久會死」，通常，不管或近或遠，限定或非限定，基本用法上都會補上表示未來時態的時間副詞，因此可說是一種未來式的代替用法。

第二人稱就有些微妙。第二人稱是否可用過去的時態呢？當然，日常中常可聽到「你死了」，或「你死了，但……」的說法，但是這和一般「你走了」、「你厭惡」的用法顯然不同，其間的差異，只要將其改成疑問句便非常清楚。「你走了嗎？」、「你厭惡嗎？」，這是可行的。但是，「你死了嗎？」、「你過世了嗎？」，這是無法對著當事人，以第二人稱的方式發問的。

由此可見，在第三人稱時，可適用於任何時態，但是，第一人稱時，則限於未來式，而第二人稱，過去式的用法是不被接受的。

稍前也提過，對於第三人稱而言，死是一種物理過程、生理現象，也是一種日常的必然經過。死意味著消滅、消失、失落、喪失等。

假設公司某單位的某人已經死亡，之後當文件送到他的座位時，此時已經是人去位空，電話鈴響也無人接聽。這代表一種功能的缺乏、喪失。但是，這功能只要由其他人填補，很快的，他或他的死亡不久就會為人們所遺忘。或許短時間之內，仍會殘留一點哀悼之意，可憐他英年早逝，遺族情何以堪等，或許會有這些同情的念頭吧？只是，人們對於鍾愛的煙斗遺失時，不也有惋惜的感覺嗎？明天起又得添購抽煙的新道具，不過除了稍感不便之外，大概不致認為這是不可取代的，而耽溺在惋惜的情緒之中吧？

就在此刻，全球各處，都有不知名的人正在死亡。人們既不在意，當然也完全不在其思考當中，感覺甚且不如失去一隻煙斗。不知名者的死亡，可謂名符其實的寂寂而終。

違論是不知名者的死亡，即使是公司同事，只要是以第三人稱理解，這和「車在前進」、「雨在下」等日常性、物理性的現象一樣，基本上某人的死亡是屬於同位、並列的位置。電費的收費員死了，這個月開始由其他人替代，只要這項職務有人執行，一切都無妨，並沒有太多的喟歎。××默默的死了，從這個世界消失了，這又有誰知道呢？××總會死吧，現在死了，已經死了，只不過是如此而已。

這種狀況如果套用在自己身上又如何呢？以自己身體為行為的主體，未必就是自己生理上的身體。例如，非常純熟的大提琴演奏家，夾於兩腳間的樂器，其實已經和自己生理上的身體溶為一體，右手掌中握持的弓弦，其實就是右腕、右掌的延伸。在一場精湛的演奏中，樂器、弓弦與其說是以媒介的地位參與，不如說，對於演奏者而言，這就像咀嚼、行走一樣，是身體行為的一部份。

著名的大提琴演奏家比耳洛斯金(Pialigorsky)曾經有一段非常有趣的經驗。那是發生在他某次擔任指揮時，當時曲目的安排是，在兩首交響曲之中，穿插由他主奏的協奏曲。當他順利指揮完第一曲目之後，照例回到後臺，準備下一曲的演出。此時，當他觸摸平日朝夕相處的樂器時，原本長年以來，一直是自己的身體一部分的愛琴，此時突然變得異常陌生，感覺上呈現眼前的只是一具非常巨大、冰冷的工具。對比耳洛斯金而言，原本樂器就彷彿是自己的手指、手腕、手掌一般，而此時卻突然的，「死了」。

如果這種現象是可能發生的，那麼，一般生理上，我們身體的一部分，當然也可能出現「死了」的現象。

平常什麼時候，我們會意識到自己身體呢?指、掌、腕、足等，能夠充分發揮功能的時候，我們決不會意識到他的存在。對於技巧純熟的鋼琴家而言，他們是不會意識到彈半音階時，是否以手指按住fis鍵。但是當手指發生障礙時，即使是非常輕微，立刻就會出現問題。這份功能喪失的事實，立刻會浮現出來。

因意外而喪失腳，換言之，就是身體的一部分死亡，但是儘管當時無限痛苦、艱辛，但是只要功能有所替代，或回復，也總算是獲得填補。這種部分身體死亡的現象，即使是發生在行為的主體，但是這終究是一種功能的缺乏，可說是屬於第三人稱的死。

換句話說，我的手指、手掌、我的腳，雖然都是第一人稱所有格的目的語，但是就某種層面而言，這些就彷彿是公司同事、我的煙斗一樣，具有可以用第三人稱對應的要素。「我的腳死了」、「我的手死了」，這不是一般性的用語，但是不容諱言的，這是可能的（英文中甚且有「The battery is dead的表現方法）。

我部分身體的「死」，終究是一種喪失的狀態，是一種物理性功能的短缺，是可以遞補的。但是，「我的死」，卻是不適用的。之前也曾提到，第一人稱單數所有格的死，是不存在的。而且，第一人稱的死，或許嚴格地說，應該是第一人稱終將面對死亡的生，經常都是最深刻的苦惱、混亂、悲劇的孕育之地。

孤絕的恐懼

第一人稱的死，是絕對無法體驗的，它永遠存在於未知。就邏輯而言，是絕對不可知的。而何謂對於「不可知的恐懼」？當然，對於死的恐懼之中，確實也包括對於痛苦的恐懼、疼痛的恐懼。這與其說是對於死亡的一種恐懼，但往往最畏懼的是，臨死前的痛苦狀態，也就是對生的一種恐懼。

有所謂痛不欲生的說法。是否死亡就是痛苦的極限呢？這未必成立，其實痛苦的淵源在於生。痛苦是存在的證明之一，是一種生的狀態，死亡如果是生的終點，那麼死亡也是痛苦的休止符。但是，我要再一次重複，對於第一人稱的死，是完全存在於未知之中。因此，死亡真能為痛苦畫下休止符嗎？我們甚且無法斷言。

因此，雖說對於死亡的恐懼，也涵蓋了對於痛苦人生的恐懼，但這仍不是全部。

人對於生有股盲目的執著，如果說這是證明人類是生物的有力說詞，那麼，難道不能說，對於死的畏懼，正可以證明人之為人嗎？

以消極的態度來思考一下。對我而言，第三人稱的死意味著消滅、消失。因此，這並非「死」的本質。死亡就如同橫阻在我們眼前，深不可測的深淵，即使試圖要了解，也只是一種無謂的努力，不會有實質的報償。自己的鋼筆、手帕或錢包，即使遺失了，也不會因此激發對「我之死」的感觸。

因此，第一人稱的死，往往都只能以未來時態表現，一旦實現時，「我」便無法得到任何外助，必須在完全孤絕的狀態中，體驗這死的經驗。第三人稱的死，對「我」而言若只是一種消滅，那麼，對於第三者而言，「我的死」也只不過是一種「消失」而已。對於我從不曾體驗過的「我的死」，我，必須在毫無防備之下，絕對孤獨地面對。

對於第三人稱的死亡，原本只認為非常稀鬆平常，但是即將面對自己的死亡時，人們或許會以「死亡先知」自居，開始思考並賦予其意義，但是這終究是非常空泛的期待。

正因為「我」的死是絕對的孤絕狀態，因此，對於宿命的死，人們更是倍感恐懼。活著時，不論何時何地，我們總是身處於各種人際關係之中，即使處於孤立無援的小島上，人們仍然會以大自然為友，同時也絕不放棄回歸人類社會的希望，對於有此特質的人類，死，卻迫使我們必須斷絕一切的人際關係，只是孤單的，面對死亡。反過來說，這種恐懼感正可以證明我們確實存在於一種人類的生活模式之中。但也因為這是一種反證的方式，因此也可說是較「消極的」。另一方面，對於死亡的恐懼，是源自於「人之為人」的一種證明，這也可以積極的角度來詮釋，此時便須引用第二人稱。

人類對於絕對孤絕的恐懼是發自於一種自覺，而以面臨死亡時達到最高峰，但是事實上，人類很輕易便能透過知識來了解何謂孤絕。尤其是自笛卡爾之後，曾經受過西歐現代文化思想洗禮的人們，更是輕易便能體會所謂的孤絕狀態。人們明白在現實社會當中，「人類」有其一定的特質，也就是人必須生活在人與人的關係之中，同時為了超越、克服存在於人類間的孤絕與矛盾現象，因而提出許多方案，試圖在人類之間架起溝通的橋樑。

就如前述，我們的身體有時甚且感覺上像是樂器或弓弦的延伸，完全是一種受到擴張的感覺。這又好像駕駛技術非常純熟的司機，其實車身已經融為駕駛本身的身體，完全可以駕馭自如。另一方面，有時我們會自以為能控制自我，事實上，我們對於自己身體的控制其實是來自對他人的模仿。高中時，我無論如何就是學不會吊單槓。偶然機會裡，我看到幾個人表演單槓，一切是如此輕鬆自然。不自覺的，當我再度走到單槓下面時，就像那些表演者一樣，我也非常自然的躍上了單槓，一切問題瞬間迎刃而解。這種現象或許可說是「我們」的意念創造了個人的「我」。

這種現象在幼兒身上更為明顯。幼兒通常無法明確地區別母親和自己。到達某種年紀之後，母親才會教小孩自稱為「僕」（譯者注：日文中，非正式的場合裡，男性對同輩者自稱僕，相當於我，而一般也直接稱男童為僕）。在較早階段，即使叫「僕」，小孩仍沒有自我的意識。對於這個稱謂，孩子的意識仍停留在一種代名詞的意識之中。有時母親會叫，「僕，不能這樣」，此時，對於「僕」的認知，仍然停留在「我們」的狀態當中。逐漸的，幼兒才能從這種所謂的「前我狀態」中，透過母親的引導，意識到「僕」之為我，而母親是相對於自己的第二人稱。而集合名詞的「我們」，或許應該可視為前我的一種變型（日文中複數的我——「我我」表示我們）。

共赴雲雨中的忘情擁抱，或許可說是彼此暫時回復到「前我意識」中，不分你我——「我們」的意識之下。

孤絕可以超越嗎？

由此觀點看來，所謂個我的孤絕，至少在我們有生之年，應可說是一種近乎抽象的概念。因此，也唯有第一人稱的死，對人類而言，才是一種絕對的孤絕。一種絕無僅有，唯一能夠關照絕對孤絕的體驗。

這姑且不論，如以同樣的觀點思考，第二人稱的死又如何呢？儘管是他人的死，無關乎自己，但是可想而知，自己的死也已觸手可及。

公司的任何一位同事，對我而言既然是第三人稱的存在，那麼毫無疑問，他的功能是可以取代的。文件的承辦、電話的接聽，雖然會因為他的死而暫時中斷，但是只要後繼者上任，一切的功能都將恢復。但是我的孩子的死亡，是無論如何都無法為任何新生兒所取代的。因此，至親的死亡，幾乎可比擬為「我的死」。

或許至此，透過經驗知識的累積，對於絕對無法「知道」的「我的死」，我們也許可以某種形式來掌握，並不只是「知道」而已。

即使是部分身體的死亡，我們仍然無法了解何謂「我的死」。在我們有生之年，是否可以始終保全我們身體的每一部份，這姑且不論，但是這些部分身體的功能是可以替代的，根本和絕對僅只一次的「我的死」是不相同的。但是對於第二人稱的死，例如父母的死亡，雖然唯一要面對絕對孤絕的只有當事人，但是對我而言，這和我的死是幾乎一致的。這感覺與其說是來自於經驗知識，不如說是基於人類的本質，此生的唯一性。

由此可見，在世上人們總是非常積極地展現人之為人類的存在感。

我們的認知當中，經常提醒我們甚麼是自我的孤絕性。笛卡爾在他的「cogito」（我思。「我思故我在」的簡稱）中提到，第一人稱單數現在式的「我思」，是徹底地呈現個我的私密性。這個第一人稱單數現在式的cogito，如果要擴大到一般大眾，視為一種抽象性概念的「思惟」時，至少在理性範疇中，至今仍然不曾成功。換句話說，理性就在於證明，人類的存在結構，是依附在由原子所構成的人類形象之中。

只要我們存在對「自我」的認知，那麼眾多的「自我」之間就不存在可聯繫的憑藉。但是，人類對於「我們」的認知，除了能夠辨識自我之前，也就是在「前我狀態」之下的「我們」的概念之外，另外便是個個不相關連的個體所結合而成的「我們」，也就是除了「整體的我們」之外，也存在「個體集合而成的我們」的認知。

因此，在個個「認識的主體」之間既然不存在聯繫的憑藉，彼此只是當成一種認知對象來看待時，那麼無論愛得多麼渾然忘我的情侶，「你我間」的鴻溝是不可能完全填平的。甚且可以說，如果萬一情侶一方死亡，在這種絕對的孤寂之下，之所以會發生「殉情」的情形，這也可說是人類為消弭這無窮止的孤絕感，所盡的最大，也是最虛幻的努力。同時證明，存活的一方，對於這第二人稱的死亡，感受上也就彷佛是自身的死亡般。

經由死亡意識的探討，人類諸相中非常重要的一環，也就是，人類相互矛盾的雙重存在結構，應該可以明朗。

以科學觀點看人類群像

目前的大學附屬醫院，通常只是讓年輕的醫師拿著聽診器，站在患者面前，結果究竟如何呢？想必是感到非常茫然無措吧？

不只是大學附屬醫院，包括一般的現代化醫院在內，都已經極度的專業化。醫師專業的區分不只是循環系統器官或消化系統器官等領域而已。全球的天體觀測可說是已經發展到一對一的專業程度，而就如同現代天文學者大致擁有自己的專屬星球一樣，醫師的專業領域也是區劃非常精密。不僅是部位而已，甚且有針對某種特殊病變的專業醫師。因此對於送到自己眼前的患者，多少都是和自己所屬專業領域有關的疾病或病變，也可說已經完成基本診斷的階段。因此，由最初聽取患者的主訴，到投入全副精神，辨識病因所在的過程，對很多醫師而言都是相當陌生的。其次，醫師對於自己的診斷，乃至治療方法的選擇，並非是透過自己的眼睛或觸覺，而是根據患者的檢查資料。血液或尿液的分析自不在話下，心電圖、X光攝影、組織切片的採取、培養，在各種精密儀器工學的配合之下，所做出的檢查結果，才是醫師最佳的佐證依據。也因此，眼前訴說痛苦的人，也就是患者，已經不再是醫師診斷的對象，醫師真正關心的重點只是在於客觀的數據資料。因此，剝奪他身旁一切的現代化檢查裝備，只交給他一支聽診器時，這位醫師的無力感一定超乎我們的想像。

檢查的必然性

對於上述的論點想必有人會立刻提出反駁吧？首先，大學附屬醫院以及綜合醫院，都是專業醫師的集合，因此，以此要求這些大醫院擔負「初診服務」的功能，這是非常沒有意義的。今天的醫療分工中，有些醫師的主要任務是透過聽診器進行初步診斷和治療，而有些則是負責特定部位或特別疾病的治療。因為這種理想的醫療分工，正是推動今天醫療發達的主要因素之一。

第二，的確，醫師的經驗累積和直覺判斷、靈感或許很重要，但是，唯有客觀的資料才是取信於眾人的鐵證，同時也是降低誤診機率的最佳利器。根據客觀的資料，可以避免醫師無心之過，或是一時的偏差，同時也可作為醫師內部會診的重要資料來源。更何況，目前的醫療形態，除了主治醫師之外，其他專業醫師的協助也是不可或缺的。

一切的反駁都言之有理。我既不認為這些反駁的聲音一無可取，也不認為他們觀念錯誤，但卻也無法全面信服，例如……

綜合醫院是專業醫師聚集之地，他們和負責「初診服務」的家庭醫師或某區域的專屬醫師之間，醫療形態當然是不同。而且，收集客觀資料以便檢查當然也是非常重要的。但是，反過來說，今天綜合醫師真的有這份自覺嗎？有關人員是否已經意識到，綜合醫院是專業醫師的集合，必須做到某種程度的檢查？

然而，事實顯然不是如此。多數的醫師只是基於自己的需要，在「慎重起見」的名義下，下達種種檢查的命令。其實只要將其他醫師已完成的檢查結果再度審慎的分析，或是仔細地共同研判，應該不難有正確的判斷。可是，一般往往是不惜再三反覆檢查。結果，雖然病歷表日益增厚，但是每位醫師真正關心的只是自己要求檢查的部分，甚且可說，重視的只是自己要求的檢查結果中，比較能引起高度關心的部分（如果有的話）。提出檢查要求的藉口經常是，「慎重起見」，而除此之外的資料則一概視為「毫無意義」的報告。

因此，就為了這「慎重起見」，有多少痛苦、疲憊將加諸患者身上，甚且可能使病情惡化，但是一切都只是以醫療過程的需要為藉口，輕描淡寫帶過。有人以「醫者『算術』也」批評部份醫師的品格，事實上，這種檢查過度的現象絕非只是醫德的問題而已，傳統上有「醫者仁術也」的觀念，正由於對醫師的過度信賴，才使得這個問題的本質變得複雜。確實只是以聽診器問診時，保險給付的點數十分有限。唯有動用高精密的醫療儀器，在先進技術的驅使之下，保險點數才會提高。因此，一些不必要的檢查，就在「慎重起見」聲中，成為部分醫師牟利的工具。用藥過度、檢查過剩等就是輿論批評醫師「醫者『算術』也」的原因所在吧？

但是，事實上真正的原因並不只限於上述的醫德問題而已。公立醫院醫師原本和保險點數無關，醫師的措施應該都是出自「善意」，但是儘管如此，檢查過剩的問題仍無可避免。由此也再度提醒了我，其實疾病概念中有一項不容疏忽的基本要素。

零件的故障

所謂生病到底是怎麼一回事？現代人認為生病就是指：身體的部分發生故障，不足為奇。所謂的檢查，正是找尋這些故障部位的手段。而所謂的治療便是使故障部位復原。如果無法修復時，便不惜透過其他任何形式，以取代該部位原有的功能。而這些權宜之計包括人工器官或器官移植等。總之，依據物質觀點，如果身體的一部分失去正常功能時，便是疾病。由於一般人對於疾病的認知為此，因此才會出現這種處置方式。由於人工心肺的開發，心臟手術得以順利完成；而尿毒症患者也可透過洗腎，暫時獲得緩和；因為有心室收縮裝置，心臟病患者才得以存活；眼角膜移植為視力障礙者帶來一線曙光。

如此想來，疾病是因為身體部分發生故障，在這種認知之下的醫療，的確已經獲得非常卓越的成果。我也從不曾試圖否認這一切，只是，疾病的概念真僅止於此嗎？

想必各位也很清楚，遠在希臘時代，pathema 即代表疾病的意思。英文中「病理學」(pathology)的單字便是由此衍生而來。同樣的，代表「同情」的sympathy的語根分別是pathema和「相互與共」的sym，此外，代表基督受難意思的passion，以及被動詞passive也都是同系列的語彙。由此可知，pathema原本就代表著「承受苦難」、「受苦」的意思。

由以上的字彙形成看來，我們也不難理解，所謂的「病人」、「患者」，其實就是「承受苦難的人」，也是「正在受苦的人」。必須附帶說明的是，不僅是「患者」本身受苦，許多患者的家屬也都因為pathema，而「承受痛苦」。現代醫療，對此究竟有多少認識，而又是否已經徹底深入醫療相關人等呢？

如果也能夠由上述的角度來理解疾病，那麼剛才所提到的檢查過剩現象應該是可以避免的。而在專門醫師匯集的綜合醫院中，也唯有在這層認知之下，才會以更審慎的態度面對檢查。唯有能從最少的必要資料中，找出正確的診斷方針者，才是名符其實的專業醫師。

何謂痛苦？

單純地說，「疾病是一種承受痛苦的現象」，這原理應該是不難理解的，但是，為何會完全為現代醫學所疏忽呢？

笛卡爾認為人類可由兩個角度來詮釋。而兩個角度分別是：「延長」，和「思惟」。所謂的延長意味著在空間中的「擴張」，這也可認為是，所謂「東西」的本質。「東西」是在空間具有「擴張」的功能，因而存在。換句話說，「東西」的存在是透過在空間中的「擴張」，才會為我們人類所認識。不論是透過視覺、觸覺或甚且是味覺，人類才能在空間中感覺到「擴展」，進而確認「東西」的存在。

當然，人類的存在，也是基於這項認識。將愛人擁在懷裡，透過「擴展」，才能感覺對方的存在。即使是自己的身體本身，也毫不例外。當接受麻醉下半身失去知覺時，我們唯有透過仍有知覺的手掌，觸摸下肢的「擴張」，或是經由視覺辨識到下肢的「擴張」，才能確認自己下肢的存在。

換句話說，「東西」的存在，利用感覺可以理論的予以掌握，這是萬人不變的原理。幽靈的存在之所以無法獲得證實，其實這就是因為，我們無人能夠將幽靈的「擴張」擁在懷裡。

但是我的牙齒「很痛」、我握筆的「感覺」，對我而言，這是因為某種東西而感受到它的存在，因此某種「擴張」，其實是不需要經由感覺器官的媒介，便能認識其存在。而這類認知模式是，因為我在思考牙痛，以及握筆的感覺等，而也就在這種過程之中，證實了我之為我的存在。這就是笛卡爾的名言，「我思故我在」(cogito rgo sum)的本質。我的「疼痛」、「思考」完全不具所謂的「擴張」。或許有，但是，即使我遍尋身體各處，雖然找到牙齒，但是卻無法找到「疼痛」，即使看到了頭，「思考」卻永遠不具形相。甚且，已經喪失的腳尖會出現痛覺，形成所謂的「幻肢」。即使所謂腳的「擴張」已經不存在，但是腳的「痛覺」仍可能繼續存在。因為已經不具「擴張」，所以不論透過任何形式，都無法使人相信它的存在，這是無以避免的宿命。我的腳，理論上任何人都可以透過感覺器官辨識到它的存在。然而腳的「痛覺」，對我而言是如此的直接，無須任何媒介，但是除了我本身之外，卻無法讓任何人掌握它的存在。

重視客觀資料收集的近代「科學」，從開始追求的便是笛卡爾所提的「延長」，這便成為科學發展過程中唯一的追求標的。反言之，理論上，科學是無法進入人類「思惟」的世界。

也因此，以近代「科學理論」為依歸的近代醫學，當它以人類為對象時，便喪失了以「痛苦」的角度，看待疾病的能力。換句話說，已經科學化的醫學，視疾病為部分身體的故障，這原也是非常自然的趨勢。

誰在受苦？

但是，疾病的認知仍不止於此。另一個問題是，毫無疑問地「思惟」只限於我本身，無法呈現客觀的模式。也就是人類可能會面臨「疼痛」的經驗，應該如何才能取得別人的認同？換句話說，看似人類的「旁人」，真的就如笛卡爾所說的，具有「思惟」的存在嗎？理論上這是無法確認的，因此當然也不可擅自下結論。

這項論點可能導致超乎我們想像程度的可怕結果。也就是可以擅自決定「旁人」是否是人類。換句話說，誰是人、誰不是人，可以由人恣意畫下界線，這種憂懼又豈是杞人憂天？納粹對待猶太人的行徑，想必各位還不曾或忘。由屍體上收集脂肪作成肥皂，供洗臉之用；在人犯的皮膚上刺青，並於適當時期將其殺害，撥下皮膚作為燈罩，以這種特殊圖案視為享受。這種對待人類的方式，顯然並不認為他們會和自己一樣承受「痛苦」，或甚且不認為他們是有「痛感」的人類。完全將他們當成牛、馬一般處置。

或許有人會反駁，這是極端的事例，是戰爭期間的稀有現象。但是儘管如此，我們周遭發生的一切，本質上和納粹的行徑有何不同？有人即以胎兒受胎週數為基準，在此基準之前的胎兒便不認為是和我們一樣有「痛苦」、有「痛覺」存在的人類，即使「殺害」那東西，也不構成「殺人罪」。但是一旦超越某個人為的界線，突然間，那東西又變得有生命了，或許這條界線是經過社會的共同認可，但是卻想不出有任何的必然性。所謂優生保健法，並不是保護胎兒的法律，是而為了保障被認定為「人類」者，所存在的法律。胎兒是被界畫在「人類」之外，因此由人類決定其可以「殺害」的時期應該是第幾個月，這樣的議題也就成立了。曾經有一段時間，「生或不生是女性的權利」的觀念相當盛行。雖然胎兒顯然是存在的「東西」，但是卻不認為他是和我們一樣會承受痛苦的「人類」。這和視猶太人為牛、馬的暴行，又有何差異呢？

優生保健法的墮胎條件中，希望能夠排除經濟因素。相對的，反對聲浪也很強。但是所謂的經濟條件，顯然只是某些特定集團一廂情願的說辭。只因為自己的考量，就隨意的剝奪其他「人類」的生命，這是多麼可怕的觀念。是否有人認真地思考過？

結語

旁人究竟是「東西」，抑或「人類」，這項決定權恣意的操縱在某些人手中，這種現象和近代醫學所面臨的種種問題，其實是一體兩面。其間有許多重點都很吻合。由上述的解釋看來，想必不會有人認為這是牽強附會的說法吧？

現代科學只是一味的追求「東西」，也就是笛卡爾所說的「延長」世界，當然其結果未必都是負面的，這點先前也已經有所說明。醫療的發展，確實使許多生命遠離死亡的威脅，這事實不容我們抹煞。

但是同樣的，我們也不得不承認，這只是醫療的片面而已。活著的人類應該如何認識醫療，這問題或許是始終無法獲得解答的吧？由科學角度觀察人類，終究是無法掌握人類的全貌，由以上的說明想必各位應該可以了解。

健康熱

目前正掀起一股健康熱潮。世人對於自己的健康開始有某種程度的警覺。就目前日本的現況，這或許應可說是一種自然的趨勢吧？日本一般大眾對於健康的關注，主要源自於對老年後生活的不安。無論如何，老年人長久以來為社會的建設、維繫、發展奉獻心力，在他們人生最後的旅程，如果能夠安排細心妥善的安養系統，或是相關輔助設施，想必人們便不會對未來感到如此不安吧！目前對於自我健康的重視，已經超乎「必要」，近乎一種神經質的反應。換句話說，現在的日本社會當中，之所以呈現這種健康熱潮，主要是因為人們對於社會福利信心不足所致，這種看法雖然諷刺意味相當濃厚，但卻不容我們否認。

對於自我健康的重視，已經超乎必要，近乎一種神經質的反應。那麼其中所謂的超乎「必要」，究竟到底是如何界定的呢？當然這應該是因人而異吧？對於那些極度貧困的人（當然，貧困階層的總數或比率，若以全球的規模來看，減少的速度不是很樂觀）而言，所謂注意自我健康，無異是癡人說夢。他們真正在意的與其說是健康，不如說是如何避免「死亡」。至於因為擔心過胖而去減肥、去維持適當的運動、選擇健康食品，或是注重飲食的均衡，這對於即使是物質層次稍佳的階層，其實也都不是「必要」的。

當然我並非就此抹煞關心健康的重要性。只是，我們現在處於「健康熱」之中，如此重視自己的健康，這以全球的視野來看，確實是相當奢侈，而且是局部人才能享受到的恩澤，我希望大家能有這份自覺。

而另一方面，至今，我們周遭仍有很多親人或友人，不敵病魔的攻擊，相繼離開人世。有許多甚且還是英年早逝。

現在小孩子因肺炎死亡的病例已經非常少。同時因痲疹、赤痢、小兒痲痺亡故的人數也大幅減少（不可否認的，就全球而言，這只是局部地區的特有現象）。但是正值英年，精力旺盛的人們，突然因腦溢血、癌症、心臟病，或交通事故而死亡者，卻不在少數。

的確，人生難免一死，但是如果來的如此突然，或是以如此的形式，這又情何以堪？想必任何人在他一生當中，都會面臨幾次這種無奈的喟歎，這是古今不變的宿命。

也因此，人類才創造了宗教，人們自古就不斷試圖在宗教裡找到寄託。所謂的「人類」應該可以作多重定義。我認為，「對死亡有自覺的生物」，便可說是對人類的一項定義。有些傳說談到，當象覺悟到死期將近時，便會自我投身於象族視為墳場的湖中，或是，有些貓、狗不願讓飼主見到自己的死亡，因此死期將近時會突然失蹤。這類傳聞不一而足，但是根據動物行為專家的分析，這些說法完全缺乏事實根據。我並非要藉此強調人類中心主義，只是想以此說明，惟獨人對於死亡能夠有抽象而具體的認識，同時也有非常明確的思考。我認為，由於人類具有「時間」的概念，這對於人類能夠預測自己的死亡，發揮了極大的作用。這當然仍是一項推論，真正原因並非一言兩語、輕描淡寫可以說明的。總而言之，人類對於自己的死亡有所自覺是千真萬確的。

這或許是老生常談吧，但是若要形成這份自覺，就如剛才所提到的，心愛的人離去一般，那股痛楚是我們所無法想像的，我認為這樣的死亡可透過「第二人稱的死」獲得深一層的認識。而這種觀點是否過於輕率了呢？此外，宗教是因為「第二人稱的死」而存在，這種論調是否有欠周詳呢？

不論何種死，都有其意義。有這一層感受的人，或許能對我「第二人稱的死」的論點有所認同吧？而愛滋便為我們的現代社會，持續製造這類的「第二人稱的死」。

由於健康熱潮的帶動之下，我們人類不斷地和「第二人稱的死」邂逅，同時也由此展開人生的旅程。

「悟死」、「談死」

只要對基督教稍有認識的人，想必對「cread」的祈禱文都不陌生。「cread」在拉丁語中意味著「我信」，日文譯名為「使徒信條」（譯者注：中文譯為「信經」）。整個祈禱文對於信仰精髓表達的非常簡潔，對於信徒而言，這是「對主的禱告」中最易上口的禱詞。祈禱文一開始便是：「我信」，也就是以動詞的「cread」（相信）開頭，因此被稱之為「信經」。以彌撒的標準程序來說，先是懺悔(Kyrie leison)，其次唱讚美詩(gloria)，接者便是唸「信經」，以彌撒曲而言也是大家耳熟能詳的。

威爾第（Verdi，一八一三～一九一〇）在他的歌劇「奧特羅」中，第二幕幕剛揭起，奸惡的伊爾公，所唱的著名詠歎調，就是以「cread」唱出。伊爾公所信奉的死亡、罪惡、虛無、霸道，和真正「cread」的信條形成強烈的對比。當然這一段情節不在莎士比亞的原作之內，是出自劇作家里亞客・波特的編劇，他將所謂罪惡的信條表現得淋漓盡致。而威爾第創作的舞台配樂也是雄渾有力。

「信經」最後是以「我信永恆的生命」作結。其他的誓言內容也都談到，相信靈魂不滅、相信肉體終將復活。因此導出最後對「永恆生命」的信仰，整個誓詞前後呼應，但是問題在於「永恆的生命」究竟真相如何？由此不免會導引出許多疑問。

盛者必滅、聚者必散，人世的無常，也正是人類的無常。我們嘲笑朝生暮死、生命短促的蜉蝣，但是即使享壽八十年，對漫漫的宇宙而言，仍是微不足道的。在短暫的人世間享受有限的生命歷程，最後終將歸於塵土，如果這是人類的宿命，那麼所謂「永恆的生命」，與其說是喜悅，不如說是哀傷；與其說是希望，不如說是空虛。

如此說來，「永恆的生命」對人類而言，究竟有何意義呢？紅顏少年，百年之後仍難免一堆白骨，極盡榮華的所羅門宮殿，現在只剩下呼嘯而過的風聲，訴說著往日的繁華。雖然說，貝多芬的軀體化為煙塵後，他所創作的弦樂四重奏，只要人間的音樂世界持續一天，這樂曲將「永恆」地存在人世。但是某人所寫的曲子，原應該也是「不滅」的，但如今不僅樂譜無存，更談不上唱片或雷射碟片的保留，就此無聲無息的消失，甚且連龐貝城的廢墟般，可供憑弔的痕跡都不曾稍存。因此，或許應該說能夠在史上留名的，只是微乎其微。

從前有一個希臘莽夫，為了能讓自己的名字永留史頁，因此放火燒阿提米斯(Artemis)神殿，法官為了不讓他如願以償，因此禁止在判刑記錄中留下他的姓名。竟然有人對所謂「名留千古」（雖然是負面的）如此執著，的確不可思議。但是最近我的觀點有很大的轉變，總覺得開始相信有所謂「永恆的生命」。

天地萬物，不論曾叱咤一時的英雄，或無名小卒，也不分善惡，是大、或小，不論是優美的旋律、扣人心弦的繪畫，或是平凡、庸俗的作品，不管是金科玉律，或是陳腔濫調，總之，曾經存在於世間的一切，如今也都依然存在。這一切都將進入一種神秘體中，成其一員，永垂不朽。

物質或東西，乃至於人，一切都將自世間的表象中消失、腐朽，但是卻會在神秘體中永遠留下「記錄」，而且是非得留下不可。這就是所謂的「世界」。在那記錄的神秘體中，我們將可以永遠存在，或許應該說，我們的宿命是不得不永續存在。這種思考方向應該是可行的吧？

如此想來，「永恆的生命」也就不再是如此令人難以接受的信仰條文，可說是非常理所當然，極其普通的一項了解。只要曾經存在，就將成為神秘體的一員，兩者間的關係是必然的。這樣去想不禁感覺非常輕鬆。不須放火焚燒宮殿，不須為傑作絞盡腦汁，所有存在者，都將永不消失。這項理所當然，而又彌足珍貴的啟示，是得自於特異獨行的科學家，E・夏魯克夫的著作。

後記

回想起來，應該是二十年前的往事了吧？和某出版社的人員談到企劃案時，我主動要求出版一本以「死」為主題的書籍。現在一般都非常重視醫療問題，當時卻不然，而所謂的高齡化社會，那只是遠在北歐的社會問題，對於愛滋病當然也一無所知，雖然有些許心臟移植手術失敗的消息，但是當時的日本社會仍沒有所謂的腦死、生物倫理學的概念。當時我真正關心的是所謂「生」的問題，但不是從正面切入，當時只是認為利用反證的方式，由「死」的角度思考，應該是一條便捷可行的辦法。而這想必也是任何一個偷懶的人都可能想到的方法吧？但是決不是因為擔心同時探討「死」和「生」問題，負擔會過於沈重，因此才姑且從片面著手。之後我逐漸縮小戰場，先以死為主題，偶爾發表一些小篇幅的文稿，藉此多少能完成對自我的期許，但是，原先對於該出版社的允諾，終究無法實現。

過去當我仍然無法非常深刻地體會人生種種時，我只是很茫然地想成為一名醫師，以繼承父親的衣缽。但總有股事不關己的漠然，儘管如此，我仍對所謂醫師的工作內容，乃至相關事務，一直保持某種程度的關心和興趣。後來即使因為種種因素，放棄了醫師這條路，這份對醫療的關懷仍不曾或忘。這和所謂的藕斷絲連多少有些不同。因為，放棄成為醫師的機會，是出自我自己的選擇。儘管目前身在科學史及科學哲學的領域，工作中不論何時、何地，我總仍不斷持續思考醫療的本質，以及其相關人員的種種客觀條件，原因正是基於我對醫學的關懷。當然，這和父親太早去世，自己本身被置於患者的立場等過去的親身經歷，對於我的這些抉擇有著十分密切的關係。

有幸承蒙青土社的邀約，希望將過去出版的文稿匯集成冊。從姑且一試，到看到本書開始出現雛形，心中真有難以言喻的喜悅。過去始終無法得償的夢想，雖然形態有些改變，但終於得以實現，這當然是感到欣慰的因素之一。此外，能藉此書的出版喚醒社會對這些相關問題的重視，也算不辜負出版單位的厚望。但是執筆、整理期間，我也為自己的貧乏感到汗顏。但願今後有心人士誠摯地探討醫療相關問題時，拙著能夠聊盡棉薄之力。這份心願是否過於奢求了呢？

由於各稿的完成時期有些差距，因此特將我的新作附在卷首，以便能更詳盡釐清我目前的觀點。拙作能夠順利出版，除要感謝對談部分親身說法的前輩醫師之外，對於直接為本書催生的各位編輯先生，以及允諾舊稿能夠轉載的各出版商，謹在此致上最高的謝意。籌備的這半年期間，由於公務繁忙，出版一事不免拖延，但是青土社編輯部的石井真理小姐，不僅毫無怨言，並且仔細的為我整理舊稿，由順序、標題、編排的構想，校訂、書名的決定，直至脫稿後，書籍的流通管道，也都極盡所能的給予協助，彷彿是辛勤的園丁般，耕耘本書，在此特別由衷地表達我的謝意。

一九九三年七月七日

村上陽一郎

生死學叢書書目

揮別癌症的夢魘

羽生富士夫／著
何月華／譯

癌症是現代人健康的頭號殺手，您對癌症認識多少？癌症等於絕症嗎？不幸罹患癌症的話，要如何面對死神的挑戰？具有「上帝之手」美譽的日本名醫，以他個人的切身經驗，懇切地告訴大家，以知識對抗癌症的重要，以及許多與癌症有關的預防、醫療等方面正確的觀念，是重視保健與生命品質的現代人必看的著作。

無生死之道

盛永宗興／著
郭敏俊／譯

面對人生的生老病死，您作何感想？對於世間一切的生生死死、死死生生，感到迷惑不解嗎？請聽日本著名禪師盛永宗興娓娓道來，以生活化、深入淺出的例子，帶領我們參透生與死的迷霧，體會「一期一會」、「遊戲三昧」的生命哲學，活在每一刻當下，生死將不再是人生痛苦的代名詞。

凝視死亡之心

岸本英夫／著
閻正宗／譯

本書是日本已故宗教學者岸本英夫與癌症搏鬥十年的心路歷程。當獲知罹癌，並被宣判只剩半年壽命後，他除了接受必要的手術治療外，也開始思索生命的本質，並陸續寫下手術前後，他在死亡威脅下的心理調適和哲理思考，他也因此將肉體生命從半年延長為十年。這其中艱苦的奮鬥歷程，句句珠璣，斑斑血淚，值得品味。

美國人與自殺

赫華德・庫盧諾／著
孟汶靜／譯

本書從心理、文化的角度探討美國人的自殺行為，並以十分具有啟發性的方式，陳述出過去三百年來西方社會對自殺行為的探索過程。作者成功地綜合了西方各學派分歧的自殺行為理論，而發展出一套嶄新且具有說服力的論點，在心理與歷史學界贏得極高的評價，對研究早期華人移民的自殺行為亦有助益。

宗教的死亡藝術

肯內斯・克拉瑪／著
方蕙玲／譯

本書以比較性、宗教性的方法，探討世界主要民族與宗教關於死亡、死亡的過程以及來生等等課題所採取的態度與做法。讀者將可發現，書中所列舉的每一項宗教傳統，都在指導它的實行者，不僅在死亡前，同時就在死亡的片刻裡，就能技巧地掌握死亡。死亡可說是一門牽涉到肉體死亡與再生經驗的宗教性藝術。

禪僧與癌共生

鈴木出版編輯部／編
徐明達
黃國清／譯

一位因罹患癌症而被宣告只剩三年生命的禪僧，如何活在癌症的病魔下，如何掌握人世間的生死，將餘生投注在什麼地方?本書即是與已故荒金天倫老和尚（日本臨濟宗方廣寺第九代管長）交往過的人，藉他們的證言撰集而成的報導文學，將老和尚以三年餘生充實為精神上三十年的生命風采，再度活現於紙上。

生與死的雙重變奏

齊格蒙．包曼／著
陳正國／譯

意識到必朽（死亡）與對不朽的追求，深深影響著人類的生命策略。人類社會建制與文化面向的型塑過程中，更存在著「解構」必朽與不朽的辯證和互動關係。而在「現代」和「後現代」社會，這種「解構」又出現了有別於「前現代」的許多變奏。且看包曼教授如何透過集體潛意識的心理分析，從不同角度詮釋「死亡社會學」。在必朽與不朽之間，您將重新認識現代人的社會與文化。

透視死亡

大衛．韓汀／著
孟汶靜／譯

本書所探討的論點，主要有下列幾點：一、在什麼樣的情況下，個體才算死亡？二、末期病人有沒有權利決定自己的生與死？三、器官捐贈能不能得到社會大眾的認同，進而成為一件普遍的事？作者以平鋪直敘的方法，為每一個論點作了總整理，提供讀者許多寶貴的資料與觀念，在臨終與死亡尊嚴等議題的探討上，能有進一步的認識。

看待死亡的心與佛教

田代俊孝／編
郭敏俊／譯

本書由八篇演講記錄構成，內容包括親人死亡的感受、個人的瀕死體驗、對死亡的心理準備、佛教的生死觀等，發表者有僧侶、主婦、文學家、醫師、佛教學者等不同人士，從各個角度探討死亡問題。正如主辦演講的日本「置死探生研討會」宗旨所示，如何在老、病、死的人生當中，正視死亡的事實，學習超越死亡的智慧，讓人生更加充實，是現代人的切身課題，值得大家一同來探討。

生命的終結

阿爾芬思·德根
早川一光
寺本松野／著
季羽倭文子
林雪婷／譯

在面對末期病患或臨終的人，甚至是自己生命的終結時，我們能做些什麼？該做些什麼？是本書所要探討的主題。四位作者分別從死亡準備教育、醫療與宗教、臨終看護等專業的角度，提供他們寶貴的經驗與意見，是關心此一議題的讀者最佳的參考。透過討論死亡，了解死亡，我們的生命必能更加美好。

從容自在老與死

日野原重明
早川一光
信樂峻麿
梯實圓／著
長安靜美／譯

隨著高齡化社會逐漸到來，種種老年心理與生活的調適、老年疾病的醫療、安寧照護等等問題，一一浮上檯面，這也是每個家庭和個人都要面對的問題。本書從接受老與死、佛教的老死觀、老年與疾病、末期照護等等角度，提出許多觀念與作法。藉由思考生命末期與老和死的種種課題，期望每一個人都能獲得一種從容自在的智慧與人生。

生與死的關照

村上陽一郎／著
何月華／譯

死永遠超越我們人類的「理解」，人類如果不能體認這個事實，醫療便會陷入「器官醫學」的窠臼之中。作者透過對現代醫療種種問題的根本探討，如醫療倫理、醫院內部感染、器官移植、安樂死、腦死、告知權、愛滋病等，重新思考生為何物？死為何物？什麼才是正確的醫療？觀念新穎，析理深刻，是您不可錯過的一部「現代醫療啟示錄」。

超自然經驗與靈魂不滅

卡爾·貝克／著
王靈康／譯

自古以來，人類對來生的想像便不曾中輟。「第六感生死戀」、「穿越陰陽界」等電影的風行，正反映現代人對轉世與投胎的濃厚興趣。但西方的唯物論和科學主義卻斥為迷信，到底孰是孰非？本書即在透過科學化的研究，深入探討死亡過程的異象與靈魂不滅的假設。顯像、附體、前世記憶、臨終體驗等現象是真是假？當生命結束後，人類某些「重要特質」會繼續存在嗎？本書有您想知道的答案。

超越死亡

霍華德·墨菲特／著
方蕙玲／譯

莎士比亞稱死亡為「未被發現的國土」，因為尚無人能像哥倫布發現新大陸一樣，在造訪該地之後回來向世人述說他的經歷。但自莎翁時代以降，有關這項古老秘密的研究工作，已有不一樣的風貌，本書即是其中的佼佼者。作者透過宗教、哲學、神秘主義以及經驗證明等比較觀點來檢視死亡，為我們揭開死後生命世界的奧秘。

生命的安寧

鈴木莊一等／著
徐雪蓉／譯

有別於一般病人，末期病人的醫療與照顧，需要我們投注更多的關注與特別的方式，才能幫助病人安寧地走完人生。本書六位作者分別站在醫療與宗教的角度，透過親身體驗，以「從初期護理看末期醫療與宗教」、「宗教對醫療之重要性」、「佛教福利與末期護理」、「日本療養院的宗教與醫療」為題，提出他們的看法，值得大家參考。